실전 격투

KB074414

ALL-IN FIGHTING
by W. E. Fairbairn

실용 총서
실전 격투

월리엄 이워트 페어번 지음
노정태 옮김

워크룸 프레스

실용 총서. 실전 격투

윌리엄 이워트 페어번 지음
노정태 옮김

초판 1쇄 발행. 2021년 1월 22일
편집·디자인. 워크룸
인쇄·제책. 세걸음

워크룸 프레스
03043, 서울시 종로구 자하문로16길 4, 2층
전화. 02-6013-3246 / 팩스. 02-725-3248
wpress@wkrm.kr
workroompress.kr

ISBN 979-11-89356-46-0 04080
978-89-94207-98-8 (세트)

나를 도와주는 극단적인 방법들
늦은 밤일수록 도움이 되네
내가 갔던 극한의 장소
그곳엔 불빛조차 없네
—모비(Moby), 「극단적인 방법(Extreme Ways)」

일러두기

— 이 책『실전 격투』는 윌리엄 이워트 페어번의
  『All-in Fighting』을 원전으로 관련 자료를
  추가해 재편집한 결과물이다.

— 윌리엄 이워트 페어번은 지금까지 알려진
  모든 공격과 방어의 기술을 실용적으로
  연구해왔다. 아울러 그는 중국 상하이 조계
  경찰로 30여 년간 복무하면서 악명 높은
  '폭동 진압 경찰대(Riot Squads)'를 창설하고
  이끌어왔다. 호신술 수석 교관이던 그는
  부하들의 충성심을 효과적으로 이끌어냈으며
  일본의 주짓수 고수들까지 여럿 끌어들였다.
  그는 일본 밖에 거주하는 외국인으로서는
  최초로 도쿄의 강도관(講道館, 일본 유도의
  성지)에서 검은띠를 받고, 1931년에는 검은띠
  2단계에 오르는 영예를 누렸다. 또한 그는 한때
  북경의 황궁에서 서태후의 신하들에게 중국식
  '복싱'을 가르친 차이칭퉁(Tsai Ching Tung)을
  사사하기도 했다. 1940년 7월부터 그는 특수
  훈련 센터(Special Training Centre)의 근접전
  수석 교관으로 부임했다. 그의 격투 방법론은
  더욱 발전했고, 영국 육군의 표준 훈련 방식으로
  채택되기까지 했다.

— 책에 실린 도판에서는 작업의 편의 및 독자의
  명료한 이해를 돕기 위해 많은 경우 군인들은
  군장이 없는 상태로 묘사돼 있다. 하지만 모든
  격투 방식은 완전 무장 상태에서도 수행될 수
  있음을 주지해야 한다.

서문

전쟁을 크리켓이나 야구 경기처럼 여기는 건
우리가 겪은 모든 실패의 원인 중 하나다. 여기에는
의심의 여지가 거의 없다. 프랑스에서도 같은
일이 벌어졌다. 프랑스라는 나라가 총력전 상황에
직면하자 겁에 질려 눈을 감아버린 채 지저분하고
잔인한 싸움을 피하는 결과를 낳고 말았던 것이다.

1914년부터 1918년까지 벌어진 전쟁과 달리
이번 전쟁, 즉 제2차 세계대전에서는 개인 단위
전투의 비중이 커졌다. 무기 사용법을 숙련하고 굳은
마음을 먹어야 하는 건 전방에 있는 군인들만이
아니다. 모든 군인, 수병, 공군, 또한 많은 경우
모든 남녀노소가 갑작스러운 상황 속에서 스스로의
목숨을 지켜야 한다. 그를 위해서는 적을 죽이거나
무력화하는 수밖에 없다.

가까운 거리에서 살해하는 것에 우리는 본능적인
반감을 느낀다. 그 반감을 극복하는 일은 필수적이다.
윌리엄 이워트 페어번 대위가 쓴 이 책에서 소개하는
훈련 방법론은 그런 목적을 달성할 수 있는 방법 중
지금까지 나온 최선의 것이다.

무장하지 않은 민간인, 무장하지 않은 채
기습당했거나 무기를 빼앗긴 군인에게 이 책이

제공하는 훈련은 승리를 얻기 위해 꼭 필요한
자신감과 결단력, 그리고 무자비함을 제공해줄
것이다.

이 훈련이 제공해주는 근본적인 가치는
구체적으로 육체적으로 남을 제압하거나 벗어나는
게 아니다. 그 가치는 적에게 굴복하지 않고 승리를
쟁취하기 위해 필요한 정신 자세를 함양해주는
심리적 자세임을 독자는 곧 알게 될 것이다.

J. P. 오브라이언 투힉 중령

들어가며

이 책은 본인이 극동 지역의 경찰을 위해 쓴
『디펜두』(Défendu) 및 뉴욕의 D. 애플턴에서 출간한
『과학적 호신술』(Scientific Self-Defence)이라는
기존 저작물에 기반을 둔다. 위 저작물에 등장한
모든 방법론은 주짓수(柔術)의 고향으로 알려진
극동 지역을 포함해 전 세계의 모든 경찰에게 실천적
비평을 받았다. 호신술에 관해 그보다 더 전문적인
비평을 해줄 수 있는 집단은 아마 어디에도 없으리라.
　　이 책에 소개된 기술 대다수는 극히 잔인하고
실전적이다. 유도와 달리 합의된 규칙 따위는 없다.
이 책은 단지 구경꾼에게 즐거움을 주기 위한
이종격투기를 가르치기 위한 게 아니다. 이 위험한
시기에 본인과 그대, 즉 우리의 적에 맞선 국가적
대비 태세의 일환으로 쓰이고자 할 따름이다.

'왜 내가 굳이 이런 "진흙탕" 싸움 기술을 배워야
하는가?' 누군가는 의문을 품을 수 있다. 일단 본인은
복싱, 레슬링, 럭비, 풋볼 등을 얕잡아보려는 의도가
없다는 것을 분명히 해두고 싶다. 이런 스포츠에
대한 지식은 실전 격투를 배우고자 하는 이에게
유용한 자산이 될 수 있으며, 그런 지식과 경험을

가진 이는 전혀 그렇지 못한 이에 비해 큰 우위에
있다고 할 수 있다. 턱이나 몸통에 꽂히는 레프트
스트레이트나 라이트 훅의 유효성에 대해 이의를
제기할 사람은 아무도 없다. 하지만 불행하게도
좋은 펀치를 내기 위해서는 적지 않은 기간 동안
훈련해야 한다. 장기간에 걸쳐 집중적인 훈련을 받다
보면 꽤 많은 사람들이 지쳐 떨어지게 마련이다.
반면 이 책에서 소개한 방법대로 손날치기를 하거나
턱치기를 수행한다면 그 효과는 빠르고 확실하다.
독자는 불과 며칠 사이에 주먹으로 낸 좋은 펀치만큼
효과적일 뿐 아니라 제대로 주먹을 날리는 게 거의
불가능한 여건에서도 상대를 쓰러뜨릴 수 있는
일격을 습득할 수 있다.

　　이 책에서 소개하는 모든 기술은 누구나 수행
가능한 것이며, 대부분의 경우 본인과 제자들이
겪은 지난 30여 년간의 수많은 실전 격투를 통해
유용성이 입증된 것이다. 평범한 근력을 지닌 젊은
남성, 또는 이제껏 그다지 활동적인 삶을 살지 않았던
중년 이상일지라도, 그들보다 훨씬 강한 상대를
압도할 수 있는 기술을 특별히 엄선했다. 이 기술 중
일부를 익히기 위해 들인 수고는 결정적인 순간에
그 노력 이상의 보상을 돌려줄 것이다. 한 명 또는
그 이상의 적을 효과적으로 상대하기 위한 지식은

언제나 심리적으로 그 가치를 톡톡히 해낸다.

　석기시대에 인간이 자행해온 끔찍한 잔인함을
되살리는 게 생존을 위해 필요하다는 이 책의 주장에
대해, 20세기를 살아가는 인간으로서 과연 그래야만
하느냐고 의문을 품고 반발하는 독자가 있을 수
있겠다. 그러나 이 나라의 존재 자체를 부정하겠다는
의도를 명백하게 드러낸 극히 무자비한 적과
상대할 때는 적의 의도를 꺾기 위해 동원할 수 있는
방법에서 양심의 가책이나 죄책감 따위가 끼어들
여지가 없다는 점을 분명히 깨달아야 한다.
해를 끼치려는 의도를 품고 달려든 악당이 독자의
코 아랫부분에 손꿈치를 갖다 대고 누르는 상황을
상상해보기 바란다. 그런 상황 속에서 본인이
느낄 감정에 대해 정직한 태도를 가져보라는
것이다. 자신을 공격해온 악당을 향해 규칙 따위는
아랑곳하지 않고 폭력을 휘두르고픈 욕망이 인다.
말하자면 상당히 원초적인 반응을 하지 않을 수
없는 상황에 놓인 것이라 할 수 있다. 본인은 그런
상황 속에서 평범한 사람에게 적합한 기술과 능력이
자동적으로 나올 수 있도록 훈련하는 데 이 책이
제 역할을 다하기를 기대한다.

　총으로 공격당한 상황에서 응사하지 않는
사람은 거의 없다. 자신이 되받아 쏜 탄환이

과녁을 적중했다 해서 후회할 리도 없다. 그러나
대검을 이용해, 또는 이 책에서 추후 설명할 기술
중 무언가를 통해 반격하는 상황을 제시한다면,
대부분은 그런 반격이 문명적이지 않거나
'영국적이지[또는 신사적이지] 못한' 방식이라며
움추려든다. 총은 비인격적인 무기로서 원거리에서
깨끗하고 품위를 유지한 채 사람을 죽일 수 있게
해준다. 반면 근접전에서 맨손으로 사람을 살해하는
건 대부분의 사람들이 감당하기 어려운 순수한
야만성을 뿜어내는 일이다. 대부분은 그런 시도
자체를 꺼린다. 하지만 '주저하면 죽는다.'라는
말은 더할 나위 없이 정확하다. 개인뿐 아니라
국가의 생사가 걸린 문제에서 도덕적 결벽증은
설 자리가 없다. 이런 사실을 빨리 깨달을수록
우리는 총력전의 잔혹하고 무자비한 현실과
직면하기에 적합해질 수 있다.

전쟁에서 공격에는 오직 두 가지 목적만이 있다.
상대를 죽이거나 생포하거나. 적은 사로잡히거나
목숨을 잃지 않기 위해 싸우리라는 점을 반드시
인지해야 한다. 그렇기에 일단 상대를 손, 발,
무릎, 기타 방식으로 가격해 활동 불능 상태로
만들거나 반쯤 실신시켜 포획하지 않는 한, 상대를
'붙잡거나' 하는 일은 매우 어려울 수밖에 없다.

반면, 이 책에 소개된 기술을 적용한 뒤에는 상대를
뜻대로 지배하고 제어하는 일이 수월해진다.

그대에게 이 모든 기술을 숙달하라고 요구할
생각은 없지만, 적어도 열 가지 정도를 골라
지속적으로 숙달할 필요가 있다. 우리는 이 모든
기술이 실행 가능하다고 주장하지만, 개인에 따라
어떤 기술을 다른 기술보다 빨리 숙달할 수 있는 건
자연스러운 일일 것이기 때문이다. 이와 같은 차이는
주로 키, 몸무게, 체격, 경우에 따라서는 신체적 기형에
따라 결정되는데, 이 모든 요소는 숙달하려는 기술을
최종 결정하기에 앞서 반드시 숙고해야 할 사항이다.

모든 동작을 본능적으로 그리고 자동적으로
수행할 수 있을 때까지 독자가 스스로를 전문가로
여겨서는 안 된다는 점을 경고해두고자 한다.
그런 시점까지 독자는 짝을 지어 매일 적어도
10분 이상을 훈련에 쏟아야 한다. 모든 동작은
상대의 균형을 무너뜨리거나 상대에게 효율적인
타격을 가할 수 있는 위치를 차지하거나 상대를
붙들고 제압하는 것을 목적으로 한다. 독자는 먼저
모든 동작을 천천히 부드럽게 수행해야 한다.
그 뒤 점진적으로 속도를 높여나가야 한다. 책에서
지시된 지점에만, 오직 필요할 때에 한해서만 힘을
주어야 한다. 상대를 골절시키라는 지시가 등장하는

대목에서는 점진적이고 부드럽게 힘을 주며
수행해야 한다. 급하게 힘을 주면 고통스러울 것이기
때문이다. 훈련 파트너의 반응을 합리적으로 고려해
충분한 주의를 기울여 수행한다면 얼마간의 근육통
외에 그 어떤 피해도 야기하지 않을 것이다.

이 책은 기존에 벗어날 수 없다고 여겨져온 체포
기술을 뿌리칠 수 있는 방법을 여럿 시연한다.
또한 땅에 누워 상대를 제압하거나 싸우는 방식은
포함하지 않는다. 이유는 다음과 같다. 본인과
제자들은 스승과 제자가 마주보며 싸우는 '안전한'
도장이 아닌 실용적이며 혹독한 환경에서 훈련하지
않을 수 없었고, 그로 인해 얻은 시각 덕분이다.
땅에 누워 싸우는 방식이 배제된 이유는 그것을
훈련해 익숙해지는 데는 몇 년의 세월이 걸릴 뿐
아니라 그렇다 해도 한 번에 한 명밖에 상대하지
못하기 때문이다. 전쟁에서는 두 명 또는 그 이상의
적에게 공격받는 일이 없다고 할 수 없기에 그라운드
기술을 추천할 수 없었다.

1942년
윌리엄 이워트 페어번

가격하기

1. 손날 가격

손날 가격은 손의 안쪽(새끼손가락 방향) 날을
이용해 수행된다. 엄지손가락까지 모든 손가락은
곧게 편다. 실제 타격이 이뤄지는 지점은 오직
손날뿐으로, 새끼손가락의 너클과 손목의 중간
지점을 이용해 때린다. [도판 1]

(1) 손날 가격은 팔을 굽힌 상태에서 시작된다.
    (절대 곧은 팔로 치지 말 것.) 팔꿈치를 펴면서
    체중을 실어 때린다. 그대는 왼손을 펴고 그대의
    왼손바닥을 때리면서 이 동작을 연습해야 한다.
    [도판 2]
(2) 손날 가격은 두 가지 방식으로 수행된다.
— 내려치기. 양손 모두 가능.
— 가로로 치기. 양손 모두 가능. 바깥 방향으로
    때린다. 손바닥은 바닥을 향해야 하며 절대로
    위를 향하지 않는다. [도판 3]

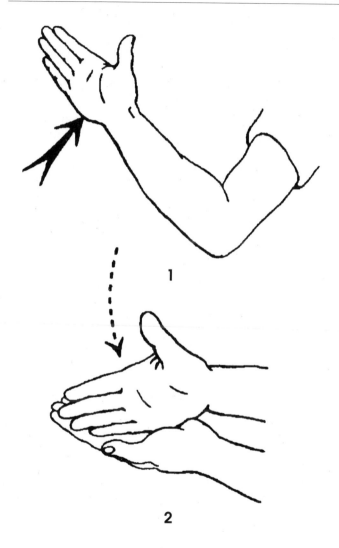

1

2

공격해야 할 상대의 신체 부위는 다음과 같다.
모든 가격은 최대한 빠르게 이뤄져야 한다.

— 손목의 양 옆 또는 뒤.
— 아래팔. 손목과 팔꿈치 중간 지점.
— 이두.
— 목의 양 옆 또는 뒷목.
— 목울대 바로 아래.
— 신장 또는 척추 아랫부분.

상대가 잡기 위해 달려들 때 그의 손목이나 아래팔을
강타한다. 대부분의 경우 상대는 골절을 당한다.
꽉 쥔 주먹으로 때릴 때는 이런 결과를 얻어내는 게
거의 불가능하다.

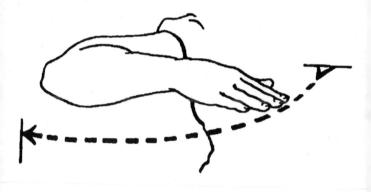

3

2. 턱 올려치기

턱 올려치기는 손꿈치를 이용해 온 힘을 다해
체중을 실어 상대의 턱을 목표로 삼는 공격이다.
[도판 5] 이때 손가락은 상대의 눈을 노린다.
[도판 4]

(1) 굽은 팔을 아래에서 위로 펴면서 가격한다.
    오직 상대와 근접해 있을 때만 수행한다.
    공격이 이뤄지는 간격은 상대의 키에 따라
    달라질 수 있으나 15센티미터를 넘는
    거리에서는 거의 불가능하다.
(2) 팔을 뒤로 빼 상대에게 '공격 신호'를 제공하는
    일은 절대 없어야 한다. 시작부터 끝까지
    모든 동작은 최대한 신속하게 수행돼야 한다.
(3) 무릎 등을 이용해 상대의 고환을 공격하면,
    상대는 언제나 턱을 전방 하단으로 내밀게
    된다는 점을 기억해야 한다.

그대는 다음과 같이 턱 올려치기를 훈련해야 한다.
본인의 턱 높이에 맞춰 왼손을 대고 손바닥을 아래로
향한다. 왼손을 향해 오른손을 신속하게 올려 친다.
[도판 6]

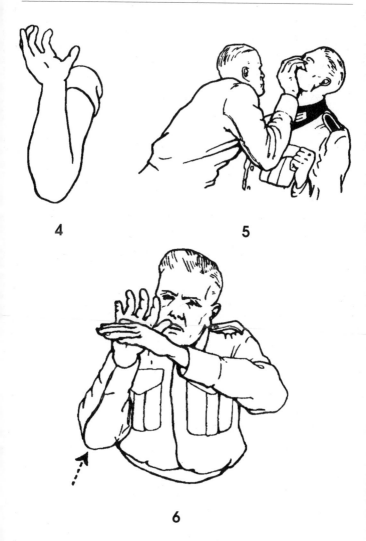

4

5

6

3. 발차기(옆차기)

극히 예외적인 상황이 아니라면 발차기는 옆차기로
수행돼야 한다. 여기서는 가격할 때 더 많은 힘을
전달하고, 필요하다면 더 멀리 때릴 수 있는
방법을 다룬다.

(1) 상대를 옆으로 보고 돌아서서 왼쪽 발에 무게를
    싣는다. 왼쪽 다리를 무릎으로 살짝 구부린
    상태에서 오른발을 땅에서 5~10센티미터
    가량 들어올린다. [도판 7] 상대의 다리 슬개골
    아래쪽을 겨냥하며 오른발을 오른쪽 바깥
    방향으로 찬다.
(2) 발을 쭉 내려가며 상대의 정강이를 무릎부터
    발목 안쪽까지 군화 밑창에 박힌 징으로
    긁어내린 뒤 온몸의 체중을 오른발로 옮겨
    상대의 발을 밟아 작은 뼈를 부러뜨리며 공격을
    마무리한다. 필요하다면 왼손으로 상대의 턱을
    올려친다. [도판 8]

왼쪽 발로 차야 할 때는 좌우를 바꿔 수행한다.

7

8

3-1. 방어용 발차기

상대가 전방에서 두 팔로 허리를 끌어안아 양팔이
모두 묶인 채 붙들린 경우.

(1) 한 발에 체중을 싣고 나머지 한 발을 들어올린
    뒤 상대의 무릎 중간 지점부터 군화 밑창으로
    정강이뼈를 훑어 내려가 상대의 발 위에 강력한
    타격을 가하며 마무리한다. [도판 9]
(2) 도판 9에서 소개한 기술의 대안으로, 군화
    밑창의 안쪽 모서리를 이용해 도판 10처럼
    공격할 수 있다.

군화 밑창의 안쪽 날을 쓸지, 바깥쪽 날을 쓸지는
그 시점에 체중이 어떻게 분배돼 있는지에 따라
달라진다. 무게중심이 고루 분배돼 있다면
양쪽 모두 사용할 수 있다. 반면 한쪽으로 쏠렸다면
그 반대편으로 공격한다. 만약 뒤에서 붙들린다면
왼쪽이건 오른쪽이건 상관 없이 발을 들어 뒤꿈치로
상대의 발을 밟고, 재빨리 돌아선 뒤 오른손 또는
왼손으로 턱을 올려찬다.

9

10

3-2. 발차기(일명 '야생마 킥')

상대가 바닥에 누워있다 해도, 상대의 팔이나 옷
등을 잡고 고정시켜놓지 않은 한, 상대를 앞발로
걷어차기 위해 시도하는 일은 권장할 만하지 않다.
추천하는 기술은 다음과 같다.

(1) 상대 앞에서 뛰어올라 무릎을 굽히면서
   양 발을 모은다. [도판 11]
(2) 상대로부터 두 발의 거리가 20센티미터 정도
   됐을 때, 두 발을 곧게 뻗어 상대의 몸을
   가격한다.

11

이런 식으로 걷어차는 공격을 막는 건 상대로서는
거의 불가능하며 상대는 즉시 방어적인 입장이
될 수밖에 없다. 이런 상황에서 벗어나기 위해서는
옆으로 굴러 멀리 떨어지는 수밖에 없다. 또한
상대는 팔을 이용해 몸을 방어하려 해도 이 기술의
수행자가 그를 죽이지 못하도록 막을 수 없다.
군화 밑창에는 비록 1.2센티미터 정도에 지나지
않지만, 얇은 철판으로 만들어진 징이 날카롭게
박혀 있다. 한 다리당 평균 32.5킬로그램의 힘을
가한다 했을 때 두 다리로 모두 차면 65킬로그램이
가해지고, 가령 체중이 65킬로그램이라면
총 130킬로그램의 힘이 가해질 것이기 때문이다.
이제 130킬로그램의 힘으로 1.2센티미터 정도의
철판을 인간의 몸에 찔러넣는 장면을 상상해보자.
얼마나 깊이 들어갈지 어렵지 않게 짐작할 수 있다.
또는 도판 12처럼 인체 모형이나 잔디밭에서
연습해보는 것도 추천할 만한 방법이다.

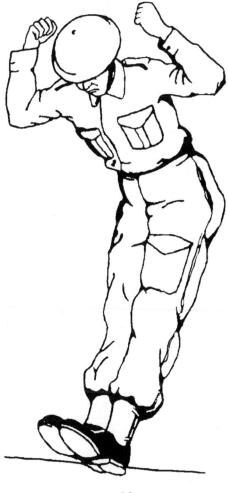

12

4. 무릎

상대와 매우 근접한 상황에서만 이 기술을 쓸 수
있다는 점을 지적해둘 필요가 있다.

(1) 체중을 한쪽 다리에 싣고 다른 쪽 무릎을 구부려
　　그 발의 뒷꿈치를 약간 뒤로 뺀 뒤 상대의
　　가랑이 사이까지 무릎을 빠르게 차올린다.
　　[도판 13]

공격 또는 방어 기술의 일환으로써 무릎 공격은
상대를 턱 올려치기에 보다 취약한 자세로 만들기
위해 즐겨 사용된다. [도판 14]

13

14

붙들렸을 때 벗어나기

5. 손목을 붙잡혔을 때

(1) 도판 15처럼 손목을 붙잡힌 상황.
(2) 손목과 팔을 그대 몸 쪽으로 굽힌 뒤 상대의
엄지손가락을 밀어내며 그대의 손목을
바깥 방향으로 뒤튼다. [도판 16]

이 동작은 재빨리 하나의 움직임으로 수행돼야
한다. 그대의 왼쪽 손목이 상대의 오른손에 의해
붙잡혀 있는 경우 위에서 설명한 것처럼 손목과 팔을
구부린 뒤 상대의 엄지손가락을 밀어내며 손목을
뒤튼다. 필요하다면 턱 올려치기나 목을 겨냥한 손날
공격으로 '후속타'를 가한다.

15

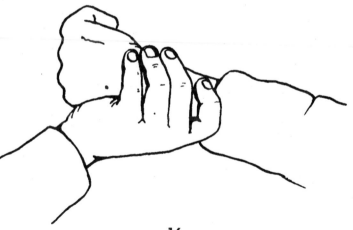

16

5-1. 두 손으로 한 손목을 잡혔을 때

(1) 도판 17처럼 왼손 손목을 두 손으로 붙들렸고,
    상대의 엄지손가락이 위로 향해 있는 상황.
(2) 손을 뻗어 그대의 왼손을 그대의 오른손으로
    잡고, 왼손을 상대의 엄지손가락 반대 방향으로
    빠르고 강하게 당긴다. [도판 18]

약간 위로 향하건 아래로 향하건 충분한 힘을
가하면 상대는 붙든 손을 즉시 놓칠 수밖에 없다.
턱 올려치기, 손날치기, 또는 무릎으로 사타구니
치기 등을 통해 '후속타'를 가하라. 도판 19처럼
상대가 (자신의 엄지손가락이 아래로 향하게)
손목을 잡은 경우, 오른손을 아래로 뻗어 왼손을
도판 20처럼 잡고, 빠르고 강하게 아래로 당긴다.

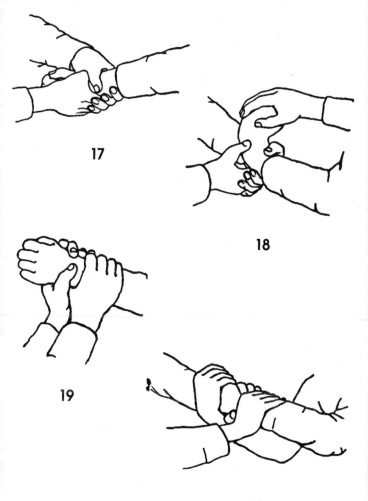

17

18

19

20

6. 한 손으로 목이 졸렸을 때

(1) 도판 21처럼 한 손으로 목이 졸린 채 벽에
    몰려 서 있는 상황.
(2) 오른손으로 상대의 오른쪽 손목을 그대의 왼쪽
    방향으로 강하게 후려친다. 뒤이어 상대의
    고환을 무릎으로 찬다. [도판 22]

21

22

6-1. 두 손으로 목이 졸렸을 때

(1) 도판 23처럼 목이 졸린 상황.
(2) 왼손으로 상대의 오른쪽 팔꿈치를 아래쪽에서
    잡고 그대의 엄지손가락이 오른쪽으로
    향하게 한다.
(3) 오른손을 위로 뻗어 상대의 오른손을
    위에서부터 잡는다. [도판 24]
(4) 상대의 왼쪽 팔을 그대의 오른팔을 이용해
    누르면서, 동시에 왼손을 둥글게 위로 들어올려
    상대의 팔꿈치를 그대의 오른쪽으로 밀어낸다.
    이렇게 하면 상대는 균형을 잃고 조르던 목이
    풀려 숨을 쉴 수 있다. [도판 25]
(5) 상대를 단단히 잡은 채 오른발을 오른쪽 뒤로
    빼면서 기민하게 오른쪽으로 돈다. 뒤이어
    손날로 상대의 팔꿈치를 가격한다. [도판 26]

이 모든 동작은 연속적으로 수행돼야 한다.

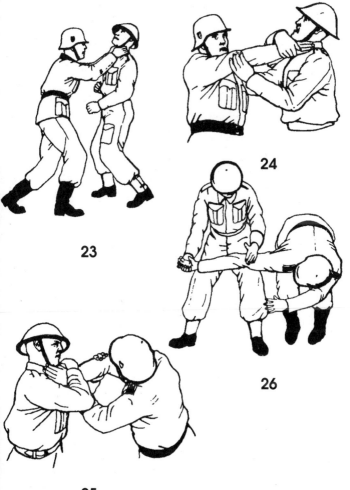

23

24

26

25

7. 상대가 앞에서 두 팔 모두 끌어안았을 때

(1) 상대가 그대의 허리를 끌어안은 상황. [도판 27]

(2) 상대의 고환을 무릎으로 찬다.

(3) 군화 밑창의 안쪽 또는 바깥쪽 날을 이용해
상대의 정강이뼈를 무릎 중간 지점부터
훑어내려가 상대의 발을 강하게 밟는다.

(4) 상대의 얼굴을 철모로 들이받는다.

(5) 상대의 고환을 손으로 움켜쥔다.

27

7-1. 상대가 앞에서 두 팔 모두 끌어안았을 때
(7번 기술 대체 방법)

(1) 도판 27처럼 허리를 붙잡힌 상황.

(2) 가능하다면 상대의 귀를 물어라. 귀를 물어뜯는 데 성공하지 못해도 이런 공격으로 상대는 몸을 앞으로 숙이게 되고, 상대의 고환을 오른손으로 잡을 수 있는 자세가 확보된다. [도판 28]

(3) 왼쪽 아래팔을 이용해 상대의 오른팔을 들어올린다. [도판 29]

(4) 상대의 오른팔에 그대의 왼팔로 압력을 가해 상대의 포박을 풀어내고 상대의 머리가 아래로 향하게 한다. 오른쪽 무릎으로 상대의 얼굴을 강하게 친다. [도판 30] 필요하다면 상대의 목을 손날로 가격한다.

도판 29와 같은 자세에서 상대가 저항해 왼팔로 압력을 가해도 3과 같은 자세로 움직이지 않을 수 있다. 그 경우 도판 30a처럼 왼손으로 상대의 눈을 찌르고 뒤이어 상대의 고환을 무릎으로 가격한다.

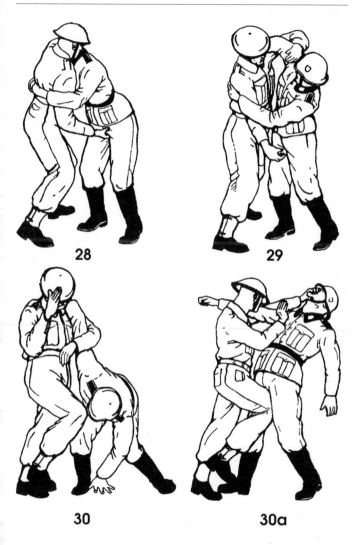

28

29

30

30a

8. 상대가 앞에서 끌어안았고, 두 팔은 풀렸을 때

(1) 도판 31처럼 허리를 붙들린 상황.

(2) 상대의 허리춤에 왼손을 얹고 도판 32처럼
   턱을 올려친다. 필요하다면 상대의 고환을
   무릎으로 친다.

31

32

9. 상대가 뒤에서 두 팔 모두 끌어안았을 때

(1) 도판 33처럼 허리를 붙들린 상황.

(2) 철모로 상대의 얼굴을 들이받는다.

(3) 상대의 발을 강하게 밟는다.

(4) 왼손 또는 오른손으로 상대의 고환을 움켜쥔다.

33

9-1. 상대가 뒤에서 두 팔 모두 끌어안았을 때
(9번 기술 대체 방법)

(1) 도판 33처럼 허리를 붙들린 상황.

(2) 상대의 고환을 왼손으로 움켜쥔다.
상대는 포획을 풀게 된다.

(3) 도판 34처럼 오른팔로 상대의 오른팔을
들어올리고 붙잡는다.

(4) 왼쪽으로 돌면서 상대의 품에서 빠져나와
오른발을 뒤로 빼면서 한 걸음 물러난다.
상대의 오른 손목을 양손으로 꽉 쥔 채 아래를
향해 쥐어짠다. 도판 35처럼 상대의 얼굴을
걷어차며 마무리한다.

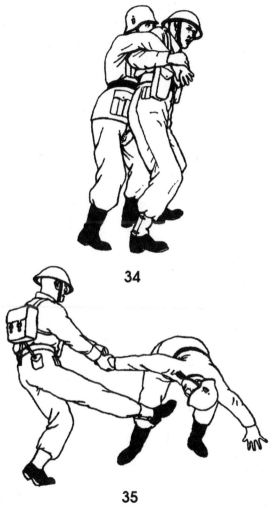

34

35

10. 상대가 뒤에서 끌어안고 두 팔은 풀렸을 때

(1) 도판 36처럼 허리를 붙들린 상황.

(2) 철모로 상대의 얼굴을 들이받는다.

(3) 상대의 발을 강하게 밟는다.

(4) 오른손으로 상대의 새끼손가락을 잡고 바깥 방향으로 구부려 도판 37처럼 상대의 품에서 빠져나온다.

36

37

11. 상대가 뒤에서 머리카락을 붙잡았을 때

(1) 도판 38처럼 상대가 그대의 머리카락을 뒤에서
    붙잡고 끌어당기고 있는 상황.

(2) (두 손을 이용해) 상대의 오른쪽 손목과 팔을
    단단히 붙잡고, 도판 39처럼 상대가 그대의
    머리카락을 계속 붙잡고 있게 만든다.

(3) 왼발을 축으로 삼아 상대의 입장에서 볼 때
    안쪽을 향해 그대의 왼쪽으로 돈다. 상대의 팔은
    뒤틀리게 된다.

(4) 오른발을 최대한 뒤로 빼며 뒤로 물러난다.
    머리를 잡고 있는 상대의 손을 아래로 당겨
    뿌리치고, 그대의 두 다리 사이로 상대의 팔을
    끌어당긴다. [도판 40] 이 과정에서 머리카락이
    일부 뽑히는 일은 충분히 가능하다. 하지만
    그 시점에 그것을 알아차리는 일은 거의
    벌어지지 않는다.

(5) 상대의 손목과 팔을 단단히 잡은 채 상대의
    얼굴을 오른발 끝으로 강하게 가격한다.

38

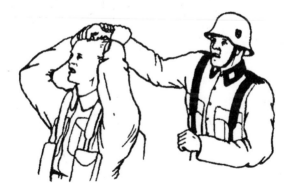

39

이 모든 동작은 물 흐르듯 한 동작으로 이어져야
하며 재빨리 수행돼야만 한다. 도판 40과 같은
자세에서 상대의 얼굴을 찰 때 상대의 팔을 약간
위로 당기면서 그대 쪽으로 끌어오면 상대에게
더 강한 충격을 줄 수 있다. 그런 동작은 또한 균형을
잡는 데 도움이 된다.

40

제압하기

12. 엄지손가락 붙잡기

엄지손가락 붙잡기는 가장 유용한 기술이다.
1~2킬로그램 정도의 압력만 가해도 가장 힘 센
포로를 제압할 수 있다. 상대가 저항한다 해도 걸을
수만 있다면 호송하는 일 또한 가능하다. 상대를
완벽하게 통제할 수 있기에 필요하다면 상대를 적의
공격을 막기 위한 방패로 사용하는 일 또한 가능하다.

엄지손가락 붙잡기를 제대로 해내기 위한
동작은 매우 복잡하다. 이 기술이 극동 지역
바깥에는 거의 알려지지 않은 주된 이유가 그것이다.
그러나 엄지손가락 붙잡기를 효과적으로 해낼 수
있게 된다면 얻을 수 있는 이득은 그것을 숙달하기
위해 들인 시간과 노력을 충분히 보상하고도 남는다.

그대는 처음에 모든 동작을 천천히 집중해서
수행해야 하며 점차 속도를 높여 모든 동작이 하나의
연속 동작으로 이뤄질 수 있도록 연습해야 한다.
소개한 기술을 모두 숙달했다면, 상대와 마주했을 때
어떤 상황에서도 수행할 수 있도록 해야 한다.

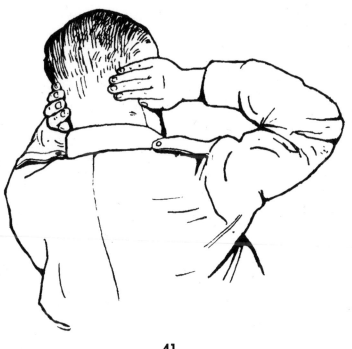

41

그대는 또한 엄지손가락 붙잡기가 공격 방법이
아님을 이해해야 한다. 이 기술은 상대를 '지배하는'
상황에서 붙잡기 위한 것이다. 상대를 일부 활동 불능
상태로 만들었거나 상대를 가격해 정신적으로 굴복해
있는 상태에서만 붙잡기 기술을 사용해야 한다.

상대는 철모나 기타 귀를 보호해줄 수 있는
장구를 착용한 상태가 아니어야 한다. 상대가 그런
상황일 때 아주 간단하게 상대를 굴복시킬 수 있는
방법은 다음과 같다.

양 손 모두 각각 둥글게 말아 컵 형태를 만들고,
도판 41처럼 상대의 양쪽 귀를 동시에 때린다.
상대의 한쪽 또는 양쪽 고막이 파열될 것이며 상대는
최소한 약한 형태의 혼란 상태에 빠지게 된다. 이런
공격은 상대의 전방 또는 후방에서 행할 수 있다.

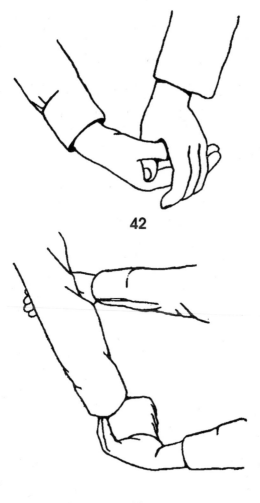

42

43

(1) 상대를 마주본 상태에서 상대보다 조금
   왼쪽으로 선다.

(2) 상대의 왼손 엄지와 검지 사이에 그대의 오른손
   엄지를 넣는다. 그대의 손가락을 상대의 손바닥
   아래에 놓고 그대의 엄지는 오른쪽을 향한다.
   [도판 42]

(3) 왼손으로 상대의 왼쪽 팔꿈치를 잡는다.
   손등이 오른쪽을 향하도록 하며, 이때
   엄지손가락은 다른 손가락과 나란히 붙이고
   상대의 팔을 잡지 않는다. [도판 43]

(4) 상대를 향해 한 걸음 내딛으면서 몸을 돌려
   같은 방향을 바라본다. 동시에 왼손으로 상대의
   팔꿈치를 끌어당기면서 오른손을 위로 밀어올려
   상대의 왼쪽 아래팔이 상대의 가슴과 왼쪽 어깨
   방향을 향하도록 힘을 준다. 상대의 팔꿈치가
   그대의 오른팔의 위로 올라오도록 할 때 왼손을
   놓게 된다는 점을 지적해둔다. 또한 상대의 왼쪽
   팔꿈치는 그대의 몸에 바싹 붙어 있게 된다.

44

(5) 상대의 왼팔을 그대의 오른팔로 단단히
   고정한 상태로, 즉시 상대의 왼손 손가락들을
   오른손으로 잡는다. 상대는 결박을 풀기 위해
   그대의 오른손 손가락을 잡아보려는 시도를
   할 수 없게 된다. 아래와 같은 방식으로 힘을
   주면 상대에 대해 추가적인 지배력을 얻을 수
   있다. 오른손으로 상대의 손을 그대의 왼손
   방향으로 누른다. 상대가 매우 힘이 세고
   탈출하고자 할 수 있지만, 그대의 왼손을 통해
   상대의 왼쪽 방향으로 조금만 더 힘을 주더라도
   상대는 까치발로 종종거리면서 누가 이 상황을
   지배하고 있는지 깨달으리라. [도판 45]

45

13. 경비 제압하기

이 동작들을 완벽하게 숙지했는지 여부와는 별개로
여기서 소개한 방식대로 경비를 공격했을 때
그 공격이 성공할지 또는 다른 결과를 낳을지 여부는
전적으로 주어진 상황의 모든 요소에 따라 좌우된다.
따라서 경비가 방독면, 탄약집, 총 등 규정된 장비를
모두 제대로 착용하고 있거나, 또는 아무것도 제대로
착용하고 있지 않으리라는 식으로, 어떤 기대를
당연하게 품고 있는 건 바람직하지 않다.

여기서 우리는 경비를 뒤에서 공격하는 상황을
전제한다. 경비를 미행하고 접근하는 건 밤이나
어두운 시간대에 행한다. 경비를 공격하기 앞서
그를 충분히 관찰함으로써 근무 시간, 총기 휴대
여부, 총을 어느 쪽으로 매는지, 평소 멈추고 휴식을
취하는 곳이 어딘지 등의 정보를 알고 있다고
가정한다. 또한 경비를 공격하는 사람은 미행의
전문가 중에서 선발돼야 한다.

여기서 우리는 경비가 다음과 같은 상태에
있다고 가정한다.

46

— 총은 오른쪽 어깨에 느슨하게 또는 단단하게
  매고 있다.
— 목 뒤와 귀를 보호해줄 수 있는 철모를
  쓰고 있다.
— 허리 아래쪽에 착용한 방독면 가방이
  15센티미터 정도를 보호해준다. [도판 46]
— 소리를 지르면 들을 수 있는 거리에 다른
  경비가 있다.

이런 상황은 그대에게 그다지 유리하지 않다.
하지만 이런 조건 하에서도 작전은 수행돼야 하며
그대는 실전에서 마주할 수 있는 것과 가장 유사한
상황에서 훈련하는 게 바람직하다. 그대는 대검이나
권총 외에 다른 번거로운 장비를 지니지 말아야 한다.
신발에 고무나 헝겊으로 밑창을 대야 하고, 양말을
끌어올려 바짓단을 덮어야 하며 캡 컴포터(cap
comforter, 제2차 세계대전 당시 영국군이
쓰던 울 모자.—옮긴이)를 깊게 눌러 쓰고 상의의
옷깃을 올려 세워야 한다. 손과 얼굴은 어두운 색으로
위장해야 한다. [도판 47]

47

(1) 경비로부터 1미터 내외까지 접근하면 도판 47과 같은 자세를 취한다. 이 자세를 통해 경비를 향해 용수철처럼 튀어나가 번개처럼 공격할 수 있다.

(2) 왼손 손가락을 모두 곧게 펴고 왼쪽 아래팔 뼈의 안쪽으로 경비의 목을 가격한다. 동시에 오른손으로는 주먹을 쥔 채 경비가 허리에 두르고 있는 방독면 가방을 때린다. 앞서 말한 공격은 제대로 수행될 경우 상대를 의식 불명, 또는 그에 준하는 상태로 만든다. 또한 목을 때렸기 때문에 상대는 숨을 쉬기 어려워지며, 소리를 질러 다른 경비를 부르는 일 또한 불가능하다.

(3) 상대를 때린 오른손으로 즉시 곧장 상대의 오른쪽 어깨 너머 상대의 코와 입을 막는다. [도판 49] 이것은 목을 때렸지만 원하는 결과를 얻지 못했을 때 상대가 숨을 쉬거나 소리를 내는 것을 막는 역할을 한다. 목과 허리를 공격당한 상대가 총을 떨어뜨리거나 고개를 떨구며 철모를 떨어뜨리는 상황이 벌어질 수 있다. 그런 경우 물체가 떨어지는 것을 막으려 해서는 안 된다. 약 10초 가량 같은 자세를 유지하고 있어야 한다. 그 뒤로는 누군가 그 소음을 듣고 살펴보러 오는 경우는 거의 없다. 상대의 목을 감싼 왼팔을 그대로 유지한 채 상대를 뒤로 끌어서 은닉한다.

48

훈련에 임하는 그대는 평소 힘의 5퍼센트 정도를
넘지 않도록 주의하며 다른 사람에게 위 방법으로
공격해볼 것을 권한다. 그것만으로도 위 공격 방법이
유용하다는 것을 인식하기에 충분하며, 또한 평범한
힘을 가진 사람일지라도 효과를 거둘 수 있다는
자신감을 얻을 수 있다.

49

14. 일본식 목조르기

(1) 상대의 배후에서 접근한다.
(2) 상대의 목에 왼팔을 감아 아래팔의 뼈로 상대의
   목울대를 누른다.
(3) 오른쪽 위팔, 팔꿈치 윗부분을 상대의 오른쪽
   어깨에 걸치고 왼손을 오른팔 이두와 위팔
   사이에 끼워넣는다.
(4) 오른손을 상대의 머리 뒤쪽에 댄다.
(5) 왼쪽 아래팔을 이용해 상대를 뒤로 당기면서
   오른손으로는 상대의 머리를 앞으로 밀어
   질식시킨다. [도판 50]

50

어쩌면 상대가 그대의 고환을 움켜쥐려 할 수 있다.
다음 중 하나를 시도해볼 것을 권한다.

— 두 팔을 풀지 않은 상태에서 양손의 손가락을
  모두 곧게 편다. 왼손 손날을 오른팔 사이에
  끼운 채, 오른손 손날을 상대의 후두 바로
  아래쪽에 댄다.
— 재빨리 뒤로 물러나면서 오른손 손날로 상대의
  후두를 기습적으로 때려 목뼈를 골절시킨다.
  [도판 51]
— 상대가 그대보다 키가 커서 상대의 도판 50처럼
  오른쪽 어깨에 그대의 오른팔을 얹기 어려운
  경우 상대의 목에 감은 왼팔에 힘을 줘서
  상대를 뒤로 물러나게 만든다. 필요하다면
  '경비 제압하기'의 도판 48에 소개한 것처럼
  상대의 허리를 주먹으로 쳐 상대가 그대의 키에
  맞도록 조절한다.

51

14-1. 상대의 정면에서 일본식 목조르기

(1) 상대를 마주보고 선다.

(2) 상대의 오른쪽 어깨를 왼손으로, 왼쪽 어깨를 오른손으로 잡는다.

(3) 왼손을 놓지 않은 채 누르며 오른손을 당겨 상대를 완전히 돌려세운다. [도판 52]
왼팔은 상대의 목을 감싸는 위치에 있어야 한다. 대부분의 경우 이런 움직임은 상대의 다리를 엇갈리게 만들며 상대는 자신을 방어할 수 없게 된다.

(4) 그대의 오른쪽 위팔의 팔꿈치 윗부분을 상대의 오른쪽 어깨에 얹고 오른쪽 이두로 왼손을 고정한다.

(5) 왼쪽 위팔을 이용해 상대를 뒤로 당기면서 오른손으로는 상대의 머리를 앞으로 밀어 질식시킨다. [도판 50]

이 기술의 마지막 동작은 14번 기술과 동일하지만 상대를 질식시키기 위해 필요한 힘의 크기에 차이가 있다. 제대로 힘을 주어 기술을 수행했다면 상대의 다리는 거의 언제나 엇갈린 상태가 될 것이다. 따라서 14번 기술의 절반 정도의 힘만 주어도 충분하다.

52

50

15. 팔 꺾어 붙들기

(1) 상대를 마주 보고 선다. 도판 53처럼 오른손이
    위로 가도록 두 손을 이용해 상대의 오른쪽
    손목을 단단히 잡은 뒤 강하고 순간적인 힘을
    줘서 아래쪽으로 잡아당긴다. 이런 동작은 머리
    왼쪽을 강타당한 것과 맞먹는 상당한 충격을
    상대에게 준다.

(2) 상대의 팔을 그대의 어깨 높이로 들어올리면서
    동시에 상대의 팔을 그대 몸쪽으로 비튼다.
    상대는 균형을 잃고 왼발로 서게 된다. [도판 54]

(3) 상대의 팔을 상대의 어깨 높이로 유지한 상태로,
    오른발을 한 걸음 내딛으면서 상대의 팔 아래를
    빠른 속도로 통과한다. (이 동작을 수행하기
    위해서는 몸을 숙여 키를 낮춰야 할 수도 있다.
    그런 경우 무릎을 굽혀 수행하도록 한다.)
    상대를 바라보는 방향으로 몸을 돌리면서,
    도판 55처럼 상대의 팔을 아래쪽으로 뽑아낸다.

53

54

(4) 왼발을 상대의 등쪽으로 내딛으면서 상대의
   손목을 둥글게 말아올려 상대의 등에 갖다
   댄다. 왼손으로는 상대의 손을 계속 붙잡고
   오른손으로는 상대의 오른쪽 팔꿈치를 받쳐,
   상대의 팔이 등에서 떨어지지 않도록 유지한다.
   왼손으로 상대의 손을 바깥에서 감아쥐고
   손목을 꺾는다. 상대의 오른쪽 어깨가 바닥을
   향할 때까지 두 손으로 힘을 줘서 누른다.
   [도판 56]

이 기술은 오직 가까운 거리에서 포로를 상대할 때만
유용하게 쓰일 수 있다. 이렇게 붙잡은 뒤에는 12번
기술인 엄지손가락 붙잡기로 바꾸는 것을 권장한다.
포로를 포박하는 방법은 26-1번 기술에서 다룬다.

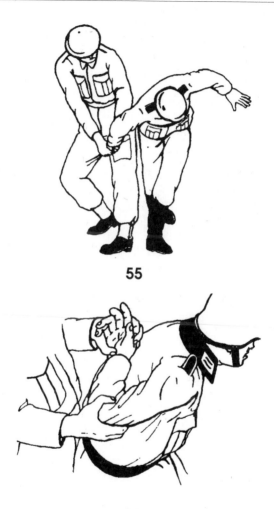

55

56

16. 팔 비틀어 붙들기

그대가 이 기술을 숙달하는 데 특별한 노력을 기울일 것을 권한다.

(1) 상대가 권투의 방어 자세를 취하고 있거나 오른팔을 올려 주먹을 날릴 태세를 취하고 있는 상황.

(2) 상대의 오른쪽 손목을 왼손으로 잡고, 상대의 팔꿈치가 구부러지도록 상대 쪽으로 민다. [도판 57] 상대의 손목을 계속 밀어붙여 상대의 팔이 도판 58의 자세가 되도록 한다. 이 동작은 연속적으로 이뤄져야 하며 최대한 빨리 수행돼야 한다. 상대의 오른쪽 아래팔을 뒤로 향하게 하면 상대는 균형을 잃게 되므로 상대가 그대를 왼손 주먹으로 공격할 가능성은 거의 사라진다.

(3) 즉시 오른발을 내밀어 그대의 오른쪽 다리와 엉덩이를 상대의 허벅지에 밀접시킨다.

(4) 그대의 오른쪽 팔을 상대의 오른쪽 팔 너머까지 밀어붙인다. 이때 상대의 오른쪽 손목은 그대의 오른손으로 꽉 쥐고 왼손을 그 위에 얹는다.

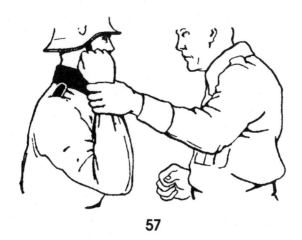

57

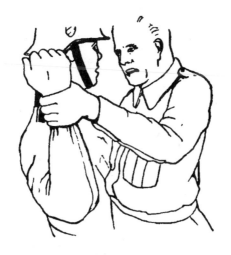

58

(5) 두 손을 단단히 붙잡은 채 상대의 오른쪽
　　팔꿈치와 팔을 그대의 몸에서 떨어뜨려 상대의
　　손목이 바닥을 향하도록 쥐어짠다. 동시에
　　그대의 아래팔 뼈를 상대의 오른쪽 위팔
　　삼두근에 가져다 대고 힘을 준다. [도판 59]

(6) 이 자세를 취할 때 상대가 왼손으로 그대를
　　공격하려 할 수 있다. 그 경우 오른손의
　　손가락을 곧게 펴고 손날이 그대의 왼쪽 손목
　　위에 오도록 한 뒤 오른쪽 아래팔을 갑작스럽게
　　밀어 압력을 주도록 한다. 이때 상대의 팔꿈치가
　　그대의 가슴에서 떨어지지 않도록 유의한다.
　　[도판 60]

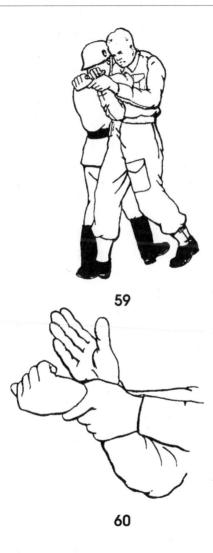

59

60

17. 머리 붙들기

(1) 상대를 정면에서 마주보고 선다.

(2) 오른손을 곧게 펴고 아래팔의 안쪽 부분을
이용해 상대 목의 왼쪽을 강타한다. [도판 61]
이 공격은 상대를 '펀치 드렁크(punch drunk,
얼굴 등을 집중적으로 가격당한 복싱 선수들이
충격이 쌓여 뇌세포에 손상을 입고 그 후유증으로
장애를 겪거나 사망에 이르는 현상.—옮긴이)'
또는 몽롱한 정신 상태에 빠지게 한다.

(3) 아래팔로 공격을 가한 뒤 즉시 팔을 상대의 목에
감싸면서 오른발을 뻗어 상대의 몸 앞에 디딘다.
상대의 몸이 앞으로 숙여지게 한 뒤 그대의
오른쪽 손목을 그대의 왼손으로 잡는다.
[도판 62]

61

(4) 그대의 왼손으로 그대의 오른쪽 손목을 당기면서
그대의 몸의 무게를 실어 상대 얼굴의 왼쪽을
누른다. 이렇게 하면 상대의 얼굴(관자놀이부터
턱 사이 어딘가)에 그대의 오른쪽 아래팔 뼈로
압력을 가하게 된다. 그대 아래팔의 바깥쪽은
그대 오른쪽 허벅지 위에 고정돼 있어야 하며
왼쪽 다리를 밀어서 몸의 오른쪽 허벅지에
힘을 실어 눌러야 한다. 상대가 그대의 고환을
잡아 저항하려 하면 즉시 압박의 강도를 높여
대응해야 한다. 필요하다면 왼손을 풀고 손가락을
살짝 펴 상대의 왼쪽 목에 손날 공격을 가한다.

62

도판으로 보는 실전 격투

이 책에서 저자가 말하는 '실전 격투' 상황을 그대로
담은 이미지를 구하는 것은 불가능에 가깝다.
실전을 누가 온전히 기록할 수 있단 말인가?
여기서는 이 책에서 말하는 '실전성'을 엿볼 수 있는,
시대를 초월한 퍼블릭 도메인 도판을 제시한다.
이후 112쪽까지 등장하는 도판은 원서에는
포함되지 않은 것이다.

"상대의 목덜미를 잡고 오른쪽 무릎으로"

"피부와 피부가 맞닫더라도 언젠가는 역사가 되리라."

"나이와 인종에 무관하게"

"머리 이전에 마음으로"

"과감함이 필요할 때는 과감하게"

"실전에서 심판은 가상의 존재임을"

"역지사지(易地思之)의 정신은 어쨌든 상대를 제압한 뒤에"

"상대가 그대보다 무겁더라도 믿음만 있다면"

"어제 나들이한 풀밭에서 오늘 흙투성이가 되더라도"

"한순간 몸이 만들어내는 아름다운 곡선"

"무기는 좋은 것"

"중력을 벗 삼아 더 낮은 곳을 향해"

"폭우가 쏟아지더라도"

"누군가에게는 우스꽝스러워 보이더라도"

"청명한 하늘 아래에서는 더더욱"

"이건 장난이 아니다."

던지기

18. 다리 걸어 던지기

(1) 상대를 정면에서 마주보고 선다.

(2) 상대의 장비나 팔을 붙잡고 상대의 팔꿈치보다
약간 높은 위치까지 들어올린다. 그대의
오른손은 아래로 당기고 왼손은 위로 들어올려
상대의 균형을 무너뜨린다. 동시에 왼발을
상대의 뒤로 최대한 깊게 뻗어 그대의 왼쪽
다리에 꼿꼿하게 힘을 주고 상대의 허벅지 뒤에
갖다 댄다. 도판 63처럼 왼발 끝이 향하게 한다.

(3) 오른손을 계속 아래로 당기면서 왼손을
들어올린다. 동시에 오른발 방향으로 허리를
숙이고 앞으로 기울인다. 이 모든 동작은 하나의
연속 동작으로 수행돼야 하며 도판 64처럼
상대를 바닥에 던지게 된다. 뒤이어 상대의 허리
어딘가를 걸어차 척추를 공격한다.

63

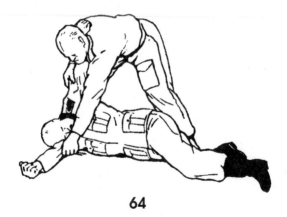

64

상대가 그대의 왼쪽에서 접근해올 경우 다음과 같은
대체 기술을 사용한다.

(4) 상대의 장비나 왼팔을 그대의 오른손으로
붙잡고 아래로 끌어당기면서 동시에 그대의
왼발에 단단히 힘을 줘 상대의 다리 뒤쪽에
놓고, 도판 65처럼 상대의 턱을 그대의 왼손으로
올려 친다. 이 공격은 상대를 강타하며 뒤로
쓰러지게 해 그 뒤로는 그대가 원하는 방식대로
상대를 제어할 수 있게 된다.

65

19. 손목 꺾어 던지기

상대가 무언가를 던지기 시작한 시점에 손을 붙잡힌
경우 정통적이지 않은 방식으로 상대를 제압해야
한다. 먼저 다음과 같은 방법을 익힐 필요가 있다.

— 그대의 왼손 엄지를 상대의 손등에서 검지
   및 중지가 이어지는 뼈 사이에 두고, 나머지
   손가락으로 상대의 손바닥을 누른다.
— 그대의 오른손 엄지를 상대의 손등에서 검지
   및 중지가 이어지는 뼈 사이에 두고, 나머지
   손가락으로 상대의 손바닥을 누른다.
— 두 엄지손가락에 힘을 주면서 상대의 손바닥에
   놓인 그대의 나머지 손가락을 당겨 상대의 손을
   상대의 몸쪽으로 구부린다. [도판 66]

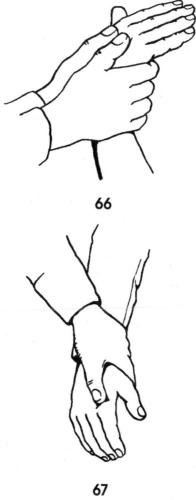

66

67

(1) 왼손을 누르고 있는 상태를 유지하면서
오른손을 놓는다. 상대의 오른팔이 자연스럽게
어깨 아래로 내려오도록 한다. 그 경우 도판
67과 같은 모습이 된다. (자신의 왼손 손등은
그대의 오른손 방향을 향해 있고, 그대의
손가락은 상대의 엄지 너머 손바닥을 누르고
있으며, 그대의 엄지손가락은 상대의 검지와
중지 사이를 누르고 있다.)

(2) 둥글게 원을 그리며 상대의 팔을 위로 꺾어
올려 그대의 왼손 쪽을 향하게 한다. 상대의
손바닥이 상대 쪽을 향하게 한 뒤 상대의 손등에
엄지손가락으로 힘을 가한다. [도판 66]

(3) 118쪽 세 번째 항목의 설명처럼 상대의 손등과
손목에 힘을 가해 상대의 손이 그대의 왼손
방향의 바닥을 향하게 힘을 준다. 이 동작은
상대를 그대의 오른손 방향으로 쓰러뜨린다.
상대의 오른팔을 뽑아내면서 동시에 그대의
오른발로 상대의 아래쪽 갈비뼈 부분을 강하게
가격해 상대를 끝장낸다. [도판 68]

68

20. 척추 부러뜨리기

(1) 상대의 왼쪽 방향에서 접근해 약간 다리를
구부려 키를 낮춘 뒤 도판 69처럼 오른팔은
상대의 가슴을 지나 붙잡고 왼팔은 상대의 무릎
바로 아래를 잡는다. 이런 방법으로 상대를
들어올릴 경우 심지어 상대가 자신보다 무겁다
해도 아주 쉽게 들어올릴 수 있다. 이 점을 알면
그대는 놀라게 될 것이다.

(2) 주로 다리를 펴는 힘에 의존해 역기를
들어올리듯 도판 70처럼 상대를 그대의 가슴
높이까지 들어올린다.

(3) 오른발을 약간 앞으로 내밀고, 오른쪽 다리를
구부려 허벅지가 지표면과 거의 수평이 되도록
한다. 온 팔의 힘을 동원하고 상체 전부를
앞으로 기울여 상대를 그대의 오른쪽 무릎 위에
내던지고 척추를 부러뜨린다. [도판 71]

도판 70처럼 들어올려진 상태에서 상대는
본능적으로 그대의 몸을 움켜잡아 다가올 공격을
피하고자 할 것이다. 그대의 몸의 체중을 실어
상대를 아래로 내려던지는 한 상대는 척추
부러뜨리기 공격을 막아낼 방법이 없다.

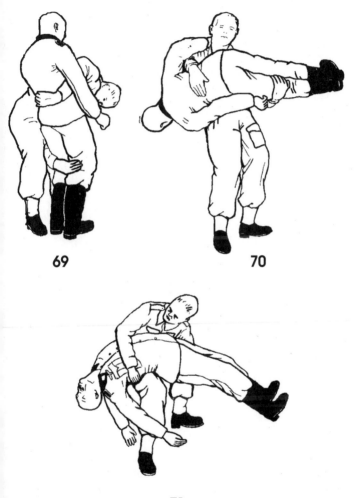

69

70

71

기타 실전 조언

21. 의자와 대검

대부분의 사자 조련사들은 작은 의자 하나면 사자의
공격을 충분히 막아낼 수 있다고 생각한다. 상대가
대검을 들고 덤벼드는 상황에서 아주 운 좋게도
근처에 의자가 있다면, 도판 72처럼 들고 맞설 수
있다. 의자 다리 한두 개를 상대의 몸에 찌른다는
느낌으로 덤벼든다. 상대를 제압할 확률은 30퍼센트
정도지만, 충분히 해볼 만한 싸움이 된다. [도판 73]

72

73

22. 성냥갑

열차 객실이나 자동차에 앉아 있는 상황.
그대 왼쪽에 앉아 있는 상대는 오른손에 총을 들고
그대의 갈비뼈에 총구를 들이대고 있다.

(1) 도판 74처럼 성냥갑을 손아귀 전부에
    들어오도록 손에 쥔다.
(2) 오른쪽 위팔을 그대의 몸 오른편에 가깝게
    붙인 상태로, 엉덩이를 돌려 그 힘으로 오른손
    주먹으로 원을 그린다는 느낌으로 주먹을 올려
    친다. 상대의 왼쪽 얼굴에서 되도록 턱뼈에
    가까운 곳을 목표로 삼는다. [도판 75]
    왼쪽 아래팔로 총을 밀어내 그대의 몸에서
    떨어지게 한다.

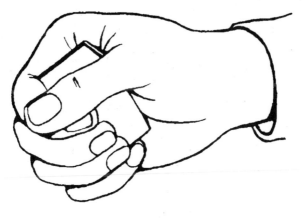

74

이 기술을 사용하면 적어도 50퍼센트의 확률로
상대를 기절시킬 수 있다. 성냥갑을 이용해 이런
공격이 가능하다는 사실은 잘 알려져 있지 않기
때문에 성냥갑을 꺼낸다 해서 상대가 의심할
가능성은 그리 크지 않다. (제2차 세계대전 당시만
해도 휴대용 성냥갑은 종이가 아니라 구리나 양철
등의 금속 재료로 만들어지는 경우가 흔했다.
즉, 오늘날의 기준으로 보면 지포 라이터 등을
이용하는 공격 기술이다.—옮긴이) 물론 첫
움직임부터 상대를 가격할 때까지 모든 동작은
최대한 빠른 속도로 이뤄져야 한다.

75

23. 귀 후려치기

이 기술은 상대가 귀를 덮는 보호구를 착용하고
있지 않을 때 사용해야 한다.

(1) 손가락을 구부려 손을 볼록하게 만든 뒤
　　도판 76처럼 자연스럽게 벌리고 선다.
(2) 도판 77처럼 상대의 두 귀를 동시에
　　2.5~5킬로그램 정도의 힘을 가해 때린다.

이 공격은 상대의 한쪽 또는 양쪽 고막을 터뜨릴
것이며, 상대는 적어도 미약한 혼란 상태에 빠져
권투 훈련자들 사이에서 '펀치 드렁크'라 불리는
상태가 된다. 그 뒤에는 그대가 원하는 방식으로
상대를 처리하는 데 아무런 문제가 없다. 그대는
도판 41처럼 이 기술을 자신에게 사용해봄으로써
얼마나 효과적인지 알아볼 수도 있다. 그 경우
반드시 절반의 힘만 써서 시도해야 한다.

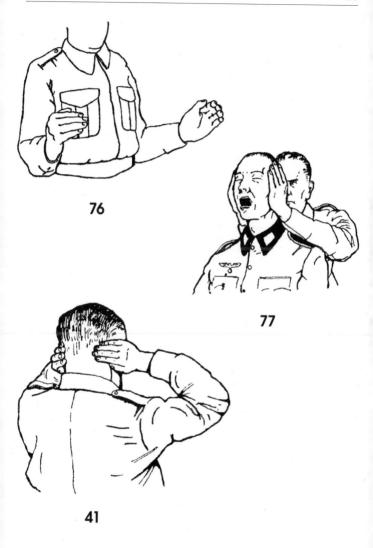

76

77

41

24. 땅에서 일어나기

당신은 이 책에서 땅에 누워 상대를 붙들거나
잡는 기술을 다루지 않았음을 알 것이다.
이유는 다음과 같다.

— 이건 전쟁이다. 그대의 목적은 상대를 최대한
빨리 상대를 죽이거나 무력화한 뒤 동료를
도우러 가는 것이다.
— 일단 땅에 눕고 나면 상대의 공격으로부터
더욱 무력해진다. (30-2번 기술인 '야생마 킥'을
참고할 것.)
— 낙법을 숙달하기 위해서는 몇 달에 걸쳐 매일
꾸준히 연습해야 하며 그 과정에서 자격 있는
지도자의 직접 지도가 필수적이다.
— 체육관에서 매트 위에 넘어지는 것과 도로
또는 암석이 노출된 바닥에 넘어지는 것에는
큰 차이가 있다. 설령 작은 돌이나 나무
그루터기 위를 굴렀을 뿐이라도 가령 신장을
눌렀다면 제대로 싸울 수 없는 상태가 될 게
분명하다.

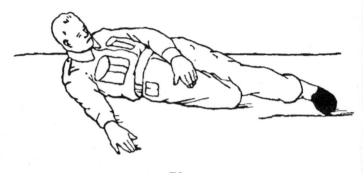

78

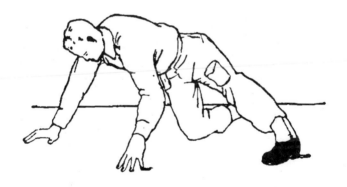

79

따라서 어떻게든 두 발로 선 상태를 유지하기 위해
집중해야 한다. 낙법을 가르치는 건 이 책의 목적에서
벗어나지만, 쓰러지거나 내던져졌을 때 일어나는
방법은 다음을 참고할 수 있다.

— 도판 78과 같은 자세로 땅에 눕는다.
— 도판 79처럼 몸을 오른쪽 아래팔과 오른쪽
   무릎을 땅에 지지해 몸을 재빨리 왼손 방향으로
   돌리면서 몸통을 땅에서 뗀다.
— 도판 80처럼 두 손으로 땅을 밀어 뒤로 힘을
   주면서 일어선다.

이 모든 동작은 하나의 연속된 구르기 또는 몸통
비틀기 동작으로 수행돼야 한다. 만약 도판 80과
같은 자세를 취했는데, 상대가 배후에 있다면
오른발을 최대한 왼손 가까이 당기고[도판 81],
두 발로 최대한 빨리 왼손 방향으로 돈다.
그렇게 하면 상대와 마주보는 자세가 된다.

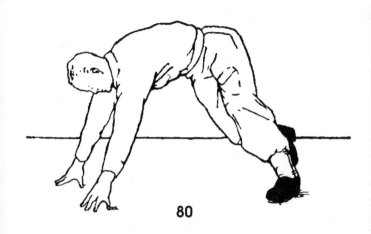

80

81

24-1. 땅에서 일어나기 (후방 구르기)

(1) 뒤쪽으로 넘어진 상황.

(2) 등에 땅을 평평하게 대고 오른팔을 몸에서 90도로 뻗는다. 오른손 손등은 땅에 대고 머리는 왼쪽으로 돌려 왼쪽 어깨 너머를 본다. [도판 82]

(3) 허리 힘을 이용해 다리를 들어올려 오른쪽 어깨 방향으로 차올린다. [도판 83] 이 동작을 수행할 때는 오른팔과 손이 몸을 따라 돌아도 무방하다.

(4) 오른쪽 다리를 굽혀 오른팔과 최대한 가까운 지면을 딛는다. 도판 84처럼 왼쪽 다리는 곧게 펴고 가능한 먼 땅을 딛는다.

(5) 왼손은 대략 오른쪽 무릎과 반대되는 위치에 오게 된다. 두 손으로 지면을 밀면서 오른쪽 무릎에 체중을 싣는다. 계속 땅을 밀어내어 두 발로 선다. [도판 85]

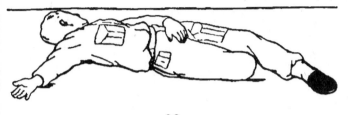

82

83

이 기술에서 동작 4처럼 두 다리를 떨어뜨린 상태로
일어나는 이유는 두 발로 섰을 때 곧장 균형 잡힌
자세를 취하기 위해서다. 이 점은 매우 중요하기에
따로 언급해둘 필요가 있으며 일반적인 사람들은
거의 신경 쓰지 않는 부분이다. 균형을 잃은 사람은
몇 킬로그램 정도의 가벼운 힘만 가해도 다시 쓰러질
수 있다. 게다가 균형을 잡지 못하면 효과적인
공격을 가할 수 없을 뿐 아니라 스스로를 제대로
방어할 수도 없다.

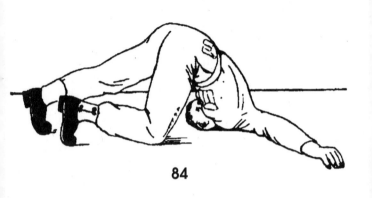

84

85

25. 작은 막대나 지팡이를 이용한 공격

무장하지 않은 상태에서, 특히 적에게 오래 노출된
뒤에 스스로를 방어하고자 할 때 그 결과는 절망에
빠져 포기하는지에 따라 크게 좌우된다. 그럴 때
손에 작은 막대나 지팡이라도 들렸다면 방어자의
사기는 크게 올라가고, 이는 상당한 결과 차이로
이어진다. 이제 그가 막대 하나로 어떤 상대건
용이하게 살해할 수 있다는 것도 알게 됐다고
해보자. 그것은 오늘날의 전쟁에 필수적인 공격적인
정신을 길러주는 아주 쉬운 방법이 될 것이다.

86

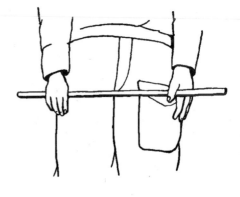

87

— 길이는 45에서 60센티미터 정도, 굵기는
1.5센티미터 정도의 작은 막대가 공격 무기로서
이상적이다. (미리 마련된 막대가 없다면
나뭇가지를 꺾어 사용할 수 있다.) 이 공격
기술을 통해 성공을 거두고 싶다면 상대가 깜짝
놀랄 만한 의외의 공격이 되도록 수행하는 게
필수적이다. 도판 86과 같은 자세로 공격을
시작하는 게 최선이다.

— 오른손에 한쪽 끝을 쥔 채 반대편 끄트머리를
흔들어 올려 왼손으로 잡고 막대의 끝이
15센티미터 정도 튀어나오게 한다. 이 동작은
막대나 손을 내려다보지 않고 수행해야 한다.
손의 위치에 주의를 기울일 것. [도판 87]
이처럼 막대를 쥐는 방법은 정통적이지 않다.
이런 방법을 사용하는 이유는 명백하다.
(이 공격 방식을 미리 알고 있지 않은 한)
상대로서는 그대가 공격할 것이라 의심하거나
자신이 공격받을 위험에 처해 있다고 생각하지
않을 것이기 때문이다.

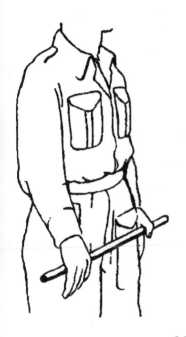

88

(1) 도판 88처럼 상대를 마주보며 가깝게 선다.

(2) 막대의 왼쪽 끝을 그대의 오른손 방향으로
둥글게 휘둘러 상대의 몸통을 가로로 잔인하고
서슴없이 강타한다. 이때는 다음 네 가지 요소가
동시에 완수돼야 한다.

— 도판 87처럼 막대를 느슨하게 쥐고 있던 두 손을
최대한 꽉 움켜쥔다.

— 왼손은 오른손 방향으로 움직인다.

— 오른손은 왼손 방향 몸 안쪽으로 향하지만,
왼손보다 훨씬 짧은 거리를 움직인다. 오른손은
그대 몸의 오른쪽 어딘가에 위치하게 된다.

— 왼발은 그대 몸의 오른쪽 방향으로 나아간다.
이 동작을 통해 일격에 체중이 실리게 된다.

[도판 89]

89

90

만약 상대가 두꺼운 옷을 입었다면 몸통을 가로로
때리는 것만으로 상대를 '나가떨어지게' 할 수는
없지 모른다. 하지만 공격받은 상대는 턱을 앞으로
내밀게 되고, 이는 정확히 그대가 원하는 바와 같다.

(1) 두 손으로 막대를 최대한 단단히 쥔 채 막대의
    왼쪽 끄트머리를 위로 쳐 올려 상대의 목에
    찔러넣는다. [도판 90] 상대의 턱 끝에서
    2.5센티미터 가량 떨어진 부드러운 지점에
    공격의 흔적이 남으면 성공한 것이다.

도판 90과 같은 방법으로 공격했지만 상대의 턱을
맞추지 못했을 경우.

(2) 그대의 체중을 실어 도판 91처럼 상대의 얼굴을
    막대 끝으로 내려친다.
(3) 필요하다면 도판 92처럼 상대의 왼쪽 얼굴을
    막대의 오른쪽 끄트머리로 후려친다.

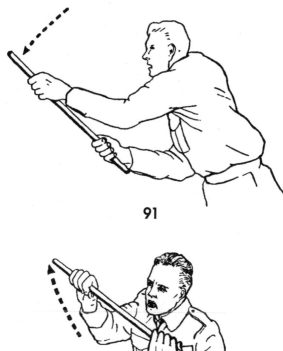

91

92

상대에게 체중을 실은 일격을 가하고 싶다면,
오른발을 왼쪽으로 내딛으며 공격한다.

(4) 최초의 복부 공격을 가한 뒤 상대의 머리가
공중에 높게 들렸고, 턱 끄트머리가 전방을 향해
노출돼 있다면 가진 힘을 모두 쥐어 짜 막대의
가운데 부분을 이용해 상대의 목울대를 노려
공격한다. 이 공격은 상대를 죽이거나 적어도
기절시킨다. [도판 93]

2번 공격(끄트머리를 이용해 턱 올려치기)과 5번
공격(막대 가운데를 이용해 목울대 치기)은 마무리
공격 또는 치명적 공격이지만 효과를 거두기
위해서는 상대가 적절한 자세를 취하도록 해야
한다. 상대의 예상을 깨고 수행된다면 1번 공격(막대
끝으로 가로방향 복부 치기)을 통해 그 목적을
달성할 수 있다. 즉, 막대 공격은 복부 공격으로
시작돼야 한다.

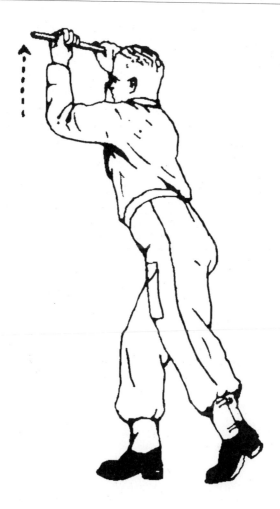

93

26. 다양한 포박술

모든 돌격대는 적어도 1.5센티미터 이상의 폭을
갖는 접착 테이프 작은 것 하나, 굵기는
0.25센티미터 정도에 4~5미터 가량의 적당한
밧줄이나 케이블을 장비에 포함해야 한다.
포로를 잡았을 때 별도의 감시를 붙여놓지 않고,
재갈을 물리며 포박한 뒤 현장을 뜨기 위한 것이다.

포로 재갈 물리기. 상대의 입에 옷 조각이나 풀
한 움큼을 쑤셔넣는다. 그 뒤 상대의 입 위로 접착
테이프를 약 10센티미터 내외로 두 차례 이상 붙여
단단히 고정하되 콧구멍을 막지 않도록 주의한다.

하이웨이맨 히치(Highwayman's Hitch) 묶는 법.
이 매듭법에는 아주 적절하게도 하이웨이맨
히치라는 이름이 붙어 있다. 어둠 속에서도 해낼 수
있을 때까지 가로 막대나 의자 등받이 등을 이용해
연습할 것.

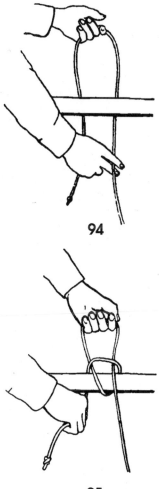

94

95

(1) 끈의 끄트머리가 60센티미터 정도 나오도록
  늘어뜨려 잡는다. 손은 막대 뒤에 놓고 끈의
  짧은 쪽이 왼쪽, 긴 쪽이 오른쪽으로 향하게
  한다. [도판 94]

(2) 긴 쪽을 들어올려서 막대를 지나 끈의 고리를
  통과시켜 왼손으로 잡는다. 그리고 짧은 쪽을
  오른손으로 끌어당긴다. [도판 95]

(3) 짧은 끄트머리를 오른손에서 왼손으로
  넘겨주면서 고리를 통과시킨다. 왼손을
  당기면서 도판 96처럼 매듭을 짓는다.

(4) 왼손으로 고리를 받쳐든 채 포로의 왼손을
  고리에 통과시키고 오른손으로 매듭의 긴 쪽을
  잡아당긴 뒤 끝까지 닿으면 끈의 양쪽을 모두
  잡아당겨 고정시킨다.

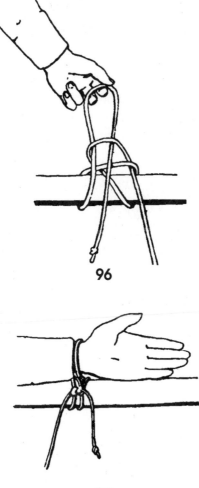

96

97

죄수를 포박하는 방법은 다음과 같다.

수갑 묶기 활용.
(1) 배를 땅에 대고 포로를 눕힌다. 포로의 두 팔을
    뒤로 뺀 뒤 도판 98처럼 하이웨이맨 히치를
    이용해 등 뒤로 묶는다. 이때 두 팔이 등 위로
    잘 붙어있게끔 주의한다.
(2) 포로의 목에 끈을 두르고 다시 손목으로
    돌아온다. 포로의 무릎을 뒤로 굽혀 도판 99처럼
    다리를 함께 묶는다.

가만히 있을 경우 포로는 아무 해를 입지 않는다.
하지만 스스로 목을 조르려 할 경우 포로가 스스로
목을 졸라 죽는 건 대체로 가능하다.

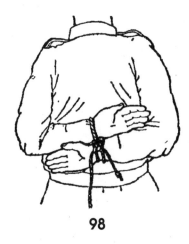

98

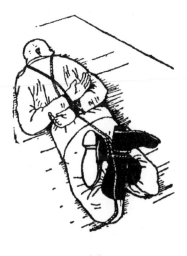

99

'포도송이 묶기.' 직경 약 20센티미터 정도의
나무, 기둥, 전신주를 활용하는 방법이다.

(1) 도판 100처럼 포로가 나무를 기어올라가게 한다.

(2) 포로의 오른쪽 다리를 나무 앞으로 감아서 발이
   왼쪽으로 오게 한 뒤 도판 101처럼 왼쪽 다리를
   오른쪽 발목 위로 늘어뜨리게 하고 왼쪽 발은
   나무 뒤로 향하게 한다.

(3) 포로를 나무 아래로 내려오게 해 도판 102처럼
   그대의 체중으로 왼쪽 다리를 눌러 고정시키게
   만든다.

설령 포로의 두 손을 묶지 않는다 해도 이와 같은
자세로 나무에서 내려와 그대의 체중으로 다리를
누르게 될 경우 탈출하는 건 거의 불가능하다.
일반적으로 평범한 남자들은 이 자세를 취하면
스스로 몸을 뒤로 내던져 풀어내지 않는 한 10분
내지 15분 사이에 한쪽 발 또는 두 발에 경련을
일으키게 된다. 그 결과 죽을 수도 있다.

경고. 이렇게 묶인 포로를 풀어주기 위해서는
두 사람이 필요하다. 두 사람이 양쪽에서 포로의
다리를 붙잡고 들어올려준 뒤 다리를 풀어줘야 한다.

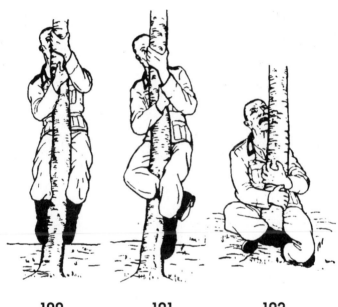

100   **101**   **102**

의자 활용.

등받이가 뚫린 의자를 사용하는 편이 바람직하다.

(1) 포로를 의자에 앉힌 뒤 한 팔은 등받이로
   통과시키고 다른 팔은 등받이 너머로 둘러
   두 손목을 끈으로 묶는다. [도판 103]

(2) 두 팔의 위팔을 각각 가까운 등받이 기둥에
   묶는다. [도판 104]

(3) 발바닥을 땅에서 뗀 채 발 끝만으로 지탱하게끔
   두 발을 묶는다. [도판 105] 필요하다면
   재갈을 물린다.

103

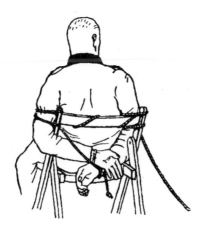

104

수갑 대체 기술.
이 기술은 한 사람이 두 명에서 여섯 명의 포로를
효과적으로 통제할 수 있으며 매우 유용하다.
도판 106처럼 가급적이면 끄트머리에 끈이 달린
경찰 곤봉이나 야간 순찰봉, 사냥용 채찍 등이
있으면 충분하다.

(1) 포로의 허리띠나 멜빵을 자르고 감춰놓은
    무기가 있는지 찾아본다.
(2) 포로들의 오른손을 곤봉 끈에 넣게 한 뒤
    끈이 파고들 때까지 곤봉을 뒤틀어 조인다.
    [도판 107] 이후 도보로 후송한다.

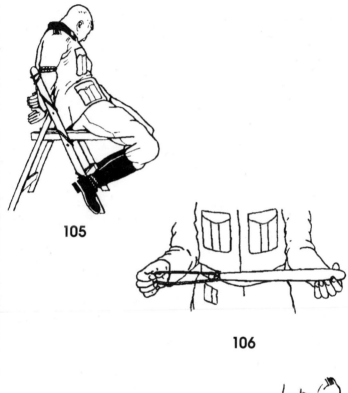

105

106

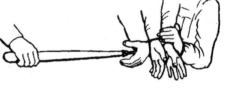

107

27. '따라와라 붙잡기'를 벗어나는 법

일명 '따라와라 붙잡기'라 불리는 기술이 여럿
존재한다. 흔히들 그런 기술은 100퍼센트 완벽하게
상대를 제압할 수 있는 것으로 여겨지고, 그렇게
붙잡히고 나면 그 누구도 빠져나갈 수 없다고
가르친다. 상황에 따라 그런 식으로 붙들리면
빠져나가는 게 어렵고 고통스러울 수 있으며
빠져나가기 위한 시도가 심각한 인대 부상을 야기할
수 있다는 건 분명하다. 하지만 평균적인 체격과
근력을 가진 사람이라면 누구나 적어도 50퍼센트의
확률로 그런 붙잡기를 떨쳐낼 수 있을 뿐 아니라
상대의 관절을 쉽게 부러뜨리고, 필요하다면 상대를
죽일 수도 있다. 이런 붙잡기 기술 중 널리 알려진 건
크게 두 가지다.

도판 108. '경찰식 따라와라 붙잡기'
도판 109. '목덜미와 손목 붙잡기'

108

생명을 잃지 않기 위해 또는 체포당하지 않기 위해
싸우는 사람은 시합이나 경쟁에서 만나는 상대와는
질적으로 다른 상태라는 것을 그대는 명심해야
한다. 죽음의 공포를 느낀 사람은 평소의 다섯 배
정도 되는 무게를 들어올릴 수 있다는 건 잘 알려진
사실이다. 게다가 그런 상황이라면 마찬가지로
다섯 배 정도의 고통 역시 견뎌낼 수 있다.

　'따라와라 붙잡기'를 빠져나가려면 더 많은
고통을 견뎌낼 준비를 해야 한다는 뜻이 아니다.
설령 실패로 끝난다 해도 상대의 손아귀에서
탈출하고자 시도하는 일에 그럴 만한 가치가 있다는
걸 보여주고자 할 따름이다. 실패한다 해도 원래
잡혀 있던 상태보다 더 나빠질 일은 없다는 건
분명하기 때문이다.

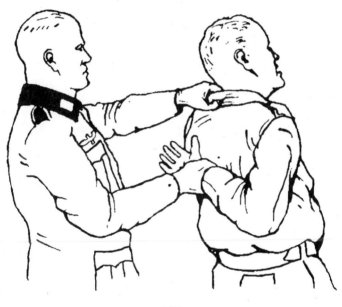

109

그대는 이런 질문을 품을 수도 있다. '왜 이런 식의
붙잡기 기술은 빠져나갈 수 없는 것으로 여겨지게
됐을까?' 우리는 이렇게 생각한다. 평범한 사람들은
몇 번의 수업을 받은 뒤 심지어 가장 쉬운 동작을
숙달하기도 전에 친구들에게 뽐내고 싶어하는
경향이 있다. 그것을 공격과 방어의 기술을 연구하는
이들은 잘 알고 있었다. 그렇게 뽐내려 드는
사람들은 흔히 골절 등을 유발한다. 게다가 이런
붙잡기 기술에서 빠져나가는 기술은 훨씬 극단적인
폭력성을 띤다. 따라서 실수로 또는 일부러 잘못
사용하지 않을 것이라는 확신을 주는 사람에게만
가르칠 수밖에 없었던 것이다.

108

110

이 기술은 상대가 이와 같은 역습의 존재 및 그대의
의도를 모른다는 것을 전제로 한다.

(1) 상대가 그대를 도판 108처럼 붙잡은 상황.
(2) 소리를 지르고 신음소리를 내서 엄살을
    피운다. 역습에 용이하도록 최대한 상대로부터
    떨어진다. 단, 상대가 의심하지 않을 정도로만
    저항할 것.
(3) 역습을 서두르지 않는다. 상대가 왼발에 체중을
    실을 때 역습이 시작돼야 한다. 상대의 왼쪽
    다리 바깥쪽을 향해 그대의 오른쪽 무릎을
    정교하게 찔러넣어 상대의 왼쪽 무릎을
    안쪽으로 꺾어 부러뜨린다. [도판 110]
    동시에 그대의 오른팔을 몸 안쪽으로 끌어당겨
    다리로 가하는 충격을 강화하며 팔을 구부려
    붙잡은 상대의 손에서 벗어난다. 필요하다면
    왼손으로 상대의 목에 손날 공격을 가한다.

110

(1) 상대가 그대를 도판 109처럼 붙잡은 상황.

(2) 지난 기술과 마찬가지로 상대의 경계가
느슨해지고 붙잡은 힘이 약해질 때까지
기다린다.

(3) 무릎을 구부리면서 왼쪽 방향으로 급격하게
완전히 돈다. 상대의 팔이 그대 머리 위로
지나가도록 한다. 그리고 머리를 곧게 세운다.
(이 동작은 상대의 팔을 비틀 뿐 아니라 상대의
왼손이 그대 뒷덜미에 붙잡혀 있게 만든다.)
도판 111처럼 오른손 손바닥을 이용해 상대의
왼팔 팔꿈치에 치명적인 올려치기를 가한다.
필요하다면 왼손으로 '턱 올려치기'를 가하거나
무릎으로 상대의 고환을 걸어찬다.

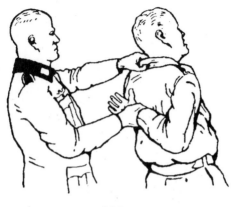

109

111

28. 대검 사용하기

근접전에서 대검은 가장 치명적인 무기다. 주요
법 집행 기관에 잘 알려져 있다시피 아무런 무장도
하지 않은 상태라면 대검에 대항할 수 있는 뚜렷한
방어법은 존재하지 않는다. 게다가 대부분의 사람은
갑자기 대검에 반사되는 빛만으로도 심리적인
영향을 받는다는 점을 알아두어야 한다.

영국식 대검은 여전히 누구에게나 공포의
대상이며 그 효과는 검증돼 있다. 야간 기습,
시가전, 심지어 선상 육탄전에 이르기까지 대검이나
단도가 훨씬 더 효과적인 무기로 작동하는 상황을
떠올려보는 건 그리 어려운 일이 아니다.

대검을 가지고 다니는 방법은 다양하다.
자신에게 잘 맞고 오직 이것만이 유용하다고
느껴지는 방법은 팔의 길이나 몸의 두께 등에 따라
좌우되기에 다른 사람에게 적합하리라고 장담할 수
없다. 각자가 스스로 결정해야 하는 문제다.
하지만 아무리 좋은 자세로 대검을 들고 그것을
가지고 다닌다 해도 칼집이 옷이나 장구에 단단히
체결돼 있지 않는 한 정말 빠르게 칼을 뽑는 건
불가능하다. 아울러 매일 꾸준히 연습하지 않는
한 칼을 빨리 뽑을 수는 없다. 본인은 왼손으로

칼을 뽑을 수 있는 위치에 대검을 숨겨두는 것을
선호한다. 근접전에서 상대가 예상치 못한 행동을
하는 건 승리의 중요한 요소이기 때문이다.

대검의 앞부분은 찌르기에 적합하도록 뾰족해야
하고 옆면의 날은 잘 세워져 있어야 한다. 동맥은
관통되거나 깨끗하게 절단됐을 때 수축해 출혈을
막는 경향이 있기 때문이다. 이런 일은 폭발
현장에서 자주 발생한다. 비록 주요 동맥이 끊겼다면
급속도로 의식을 잃고 거의 즉시 목숨을 잃지만,
그럼에도 팔이나 다리가 날아간 사람이 살아 있는
경우가 발생하는 것이다. 피부 가까이 있거나
옷 또는 장비로 보호받지 않는 지점에 있는 동맥은
다른 동맥보다 더욱 공격에 취약하다. 그런 동맥이
어디에 있는지 기억한다면 이름까지 외우기 위해
수고할 필요는 없다.

다음 도판은 그런 동맥의 대략적인 위치를
나타낸 것이다. 엄지손가락부터 연필까지 굵기는
다양하다. 의식을 잃고 죽는 속도는 동맥이 손상된
정도에 비례하는 건 당연한 일이다.

장비로 보호되고 있지 않다면 심장이나 복부를
공격 대상으로 삼아야 한다. 복부에는 아주 작은
상처만 생겨도 커다란 심리적 효과가 발생한다는
점을 특별히 지적해둘 필요가 있다.

번호	이름	크기	깊이	기절 속도	사망 속도
1	상완동맥	중간	1.2센티미터	14초	1분 30초
2	노동맥	작음	0.6센티미터	30초	2분
3	목동맥	큼	3.6센티미터	5초	12초
4	쇄골하동맥	큼	6센티미터	2초	3.5초
5	심장		8.4센티미터	즉시	3초
6	복부		12센티미터	상처의 깊이에 따라 다름	

A

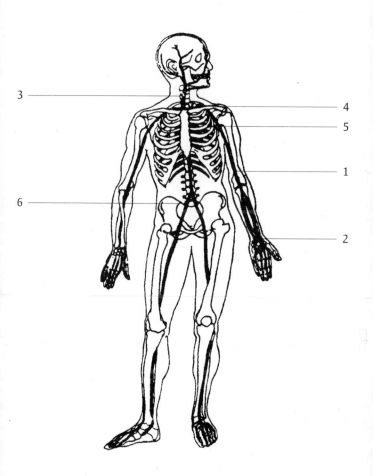

112

도판 A. 페어번-사익스 대검

— 1번 정맥. 도판 113처럼 오른손에 대검을 들고
상대의 왼팔을 바깥 방향으로 긋는다.

— 2번 정맥. 도판 114처럼 오른손에 대검을 들고
상대의 왼쪽 손목을 아래쪽 안쪽 방향으로
공격한다.

— 3번 정맥. 도판 115처럼 오른손에 대검을 들고
지표면과 평행한 상태로 상대의 배후에서
접근해 목을 왼팔로 감싸고 상대의 목을
왼쪽으로 당긴다. 목표 지점을 찌른 뒤 옆으로
베면서 칼을 뽑는다.

— 4번 정맥. 도판 116처럼 칼을 들고 목표 지점을
아래로 찌른 뒤 벤다. 일러두기. 쇄골하정맥을
대검로 베는 건 쉽지 않지만, 일단 베고 나면
상대는 쓰러지고 어떤 지혈대나 응급처치를
하더라도 사람의 힘으로는 되살릴 수 없다.

— 5번 정맥, 심장. 목표 지점을 찌른다. 뒤에서
공격할 때는 너무 높게 찔러 견갑골을 찌르지
않도록 유의한다.

— 6번 정맥, 복부. 칼끝으로 찔러서 어느 방향이건
베면서 뽑아낸다.

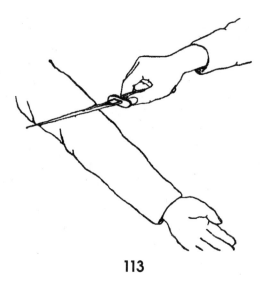

113

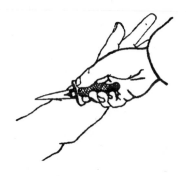

114

정맥의 위치는 176쪽의 도판 112를 참고할 것.
대검을 왼손으로 들 경우 1, 2번 정맥에 대한 공격은
반대로 상대의 오른팔에 가해져야 한다.

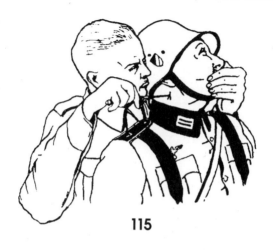

115

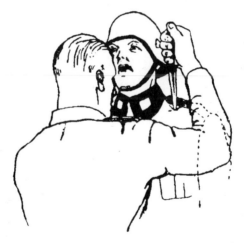

116

29. 스매칫

스매칫(Smatchet, 제2차 세계대전 당시 영국군이
사용하던 넓적하고 묵직한 전투용 단검.—옮긴이)을
처음 손에 쥐었을 때 보이는 심리적 반응은 누구나
비슷하다. 그 무기를 전투용으로 사용하는 건
전적으로 정당한 일이라고 여기게 되는 것이다.
스매칫을 손에 쥔 사람은 즉시 자신감, 목적 의식,
공격성을 보이는데, 이는 좋은 군인의 필수적인
자질과도 같다. 칼끝, 칼날, 칼자루 끝(edge of
pommel) 모두를 사용하는 무기인 스매칫은 무게,
균형, 살상력에서 탁월하며 더욱이 효과적으로
사용하기 위해 필요한 훈련의 강도가 극히 낮다는
게 장점이다. 이런 특성으로 대검 또는 장총으로
무장하지 않은 군인의 개인 병기로 이상적이다.

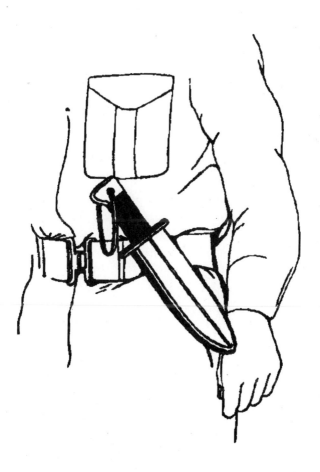

117

소지, 발검, 파치

(1) 스매칫은 도판 117처럼 허리 왼쪽에 찬
    칼집에 넣고 다녀야 한다. 이렇게 해야 소지한
    채 달리고, 기어오르고, 앉고, 누울 수 있다.
    그 위치에 부착된 다른 장구는 다른 위치로
    재배치돼야 한다.

(2) 손잡이 끈에 오른손을 통과시킨 뒤 팔을 굽힌 채
    위쪽으로 뽑아든다. [도판 118]

(3) 손은 손가락 보호대에 최대한 가깝게 쥐고,
    칼날을 아래로 향하게 한다. [도판 119]

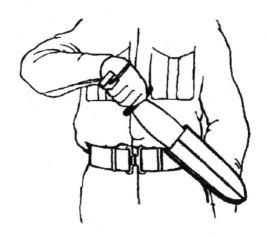

118

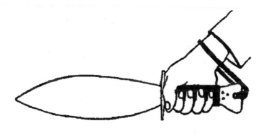

119

근접 베기

(1) 상대의 복부를 향해 찌른다. [도판 120]

(2) 상대의 오른쪽 목을 향해 '사브르(sabre) 베기.'
[도판 121]

(3) 상대의 왼쪽 목을 향해 베기. [도판 122]

(4) 손잡이 끝으로 상대의 턱 아래 치기. [도판 123]

(5) 손잡이 끝으로 상대의 얼굴 치기. [도판 124]

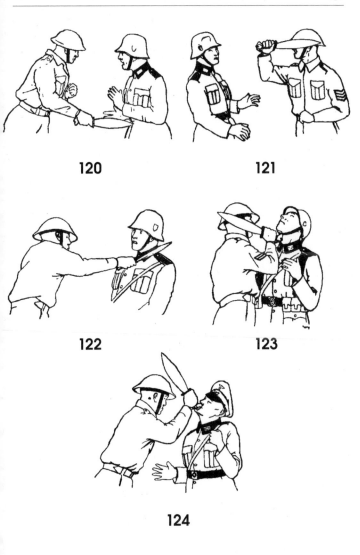

120 121

122 123

124

공격 방법

(1) 상대의 왼쪽 또는 오른 손목을 향해
   '사브르 베기.' [도판 125]

(2) 상대의 왼쪽 또는 오른쪽 팔을 향해
   '사브르 베기.' [도판 126]

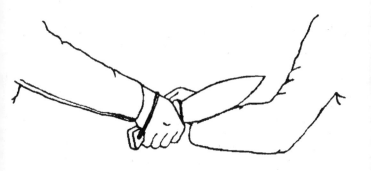

125

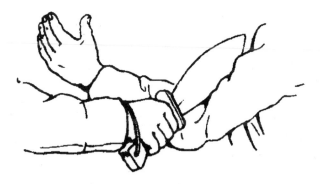

126

권총 무장 해제

30. 정면에서 무장 해제하기

권총을 든 상대에게 붙잡혔고 두 손을 올리고 있는
상황. 상대가 그대를 본 즉시 쏘지 않은 점으로
미루어 그대를 포로로 붙잡으려 하거나 경보가 울릴
것을 알고 발포를 꺼리는 게 분명하다. 몸짓이나
기타 방법을 통해 그대가 죽을까 봐 겁내고 있다고
상대가 믿게 만들어야 한다. 그리고 상대가 다가올
때까지 기다린다. 모든 동작을 신속하게 수행한다면
상대의 무장을 해체하는 건 불가능하지 않다.
적어도 열 번에 한 번은 성공할 수 있다.

127

128

(1) 도판 127처럼 두 팔을 든다.

(2) 오른손을 아래로 휘둘러 상대의 오른손을
잡고, 동시에 왼쪽을 바라보며 몸을 옆으로
돌린다. 이 동작은 상대의 권총을 그대의 몸에서
떨어뜨린다. [도판 128] 오른손 엄지가 위로
향하도록 유의할 것.

(3) 도판 129처럼 권총을 왼손으로 잡는다.

(4) 상대의 손목을 잡은 오른손을 단단히 유지한
채, 왼손으로 권총을 상대의 손등 방향으로
밀어내면서 무릎이나 발로 상대의 고환을
걸어찬다. [도판 130]

이 모든 동작은 연속적으로 수행돼야 한다.

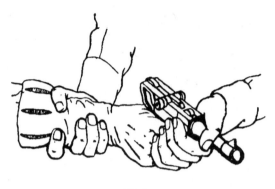

129

130

30-1. 정면에서 무장 해제하기 (대체 기술)

이 기술은 앞서 소개한 것과 유사하나 최초의
공격을 오른손이 아닌 왼손으로 가한다는 점에
유의해야 한다.

(1) 도판 127처럼 두 팔을 든다.
(2) 왼손을 아래쪽으로 휘둘러 엄지손가락이 위로
    오도록 상대의 오른쪽 손목을 잡고 동시에
    오른쪽을 바라보며 몸을 옆으로 돌린다.
    이 동작은 상대의 권총을 그대의 몸에서
    떨어뜨린다. [도판 131]
(3) 도판 132처럼 권총을 오른손으로 잡는다.
(4) 상대의 손목을 잡은 왼손을 단단히 유지한 채
    상대의 손목과 권총을 뒤쪽으로 꺾는다. 동시에
    상대의 고환을 무릎으로 걷어찬다. [도판 133]

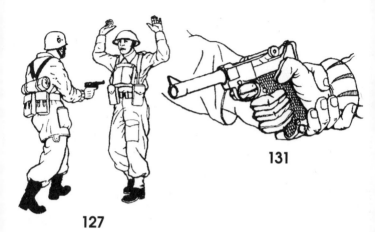

127

131

132

133

30-2. 후방에서 무장 해제하기

(1) 도판 134처럼 두 팔을 든다.

(2) 왼손 방향으로 빠르게 돌면서 왼팔 겨드랑이로
상대의 오른쪽 아래팔을 붙든다. 이때
겨드랑이는 최대한 상대의 손목과 가깝게 하며
그대의 왼손을 그대의 가슴에 올려붙인다.
[도판 135] 이렇게 붙잡으면 상대는 그대에게
총을 쏘거나 팔을 뿌리칠 수 없다.

(3) 상대의 팔을 고정시킴과 동시에 오른쪽 무릎으로
상대의 고환을 걸어차고, 도판 136처럼
오른손으로 상대의 턱을 올려친다. 무릎차기와
턱 올려치기 후에도 상대가 권총을 떨어뜨리지
않는다면 오른손 손가락으로 눈을 찌른다.

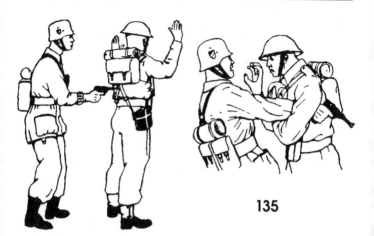

134

135

136

30-3. 후방에서 무장 해제하기 (대체 기술)

이 기술은 앞서 소개한 것과 유사하나 오른손이
아닌 왼손으로 최초의 공격을 가한다는 점에
유의해야 한다.

(1) 도판 134처럼 두 팔을 든다.
(2) 오른손 방향 바깥쪽으로 빠르게 돌아 그대의
    오른팔 겨드랑이에 상대의 오른팔을 끼운다.
    상대의 오른쪽 손목이 최대한 그대의 겨드랑이에
    가깝게 하며 그대의 오른손은 그대의 오른쪽
    가슴에 밀착한다. 앞서 나온 기술과 마찬가지로
    이렇게 붙잡으면 상대는 그대에게 총을 쏘거나
    그대의 팔을 부러뜨릴 수 없다.
(3) 최대한 목울대에 가까운 지점을 도판 138처럼
    왼손 손날로 가격한다.

상대가 권총을 떨어뜨리지 않는다면 상대의
오른다리 바깥쪽을 그대의 오른발로 눌러
도판 139처럼 무릎을 꺾고 부러뜨린다.

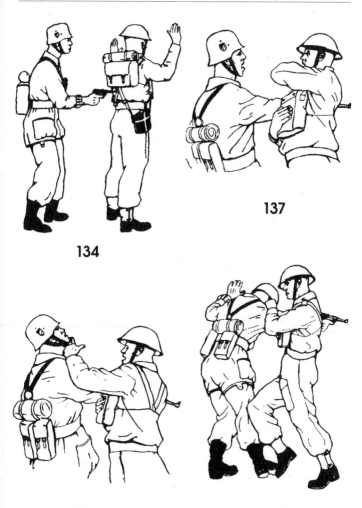

134

137

138

139

30-4. 동료를 겨냥한 상대의 무장 해제하기

모퉁이를 돌았을 때 도판 140처럼 상대가 동료를
향해 총을 겨눈 상황은 드물지만 불가능하지 않다.

(1) 상대가 권총을 든 팔에 다가가 오른손으로는
상대가 권총을 쥔 손을 밑에서부터 받쳐 올리고,
동시에 왼손은 상대의 팔꿈치를 위에서 아래로
강하게 누른다. [도판 141]

(2) 상대의 팔을 위로 올리면서 뒤로 젖힌다.
왼손으로 상대의 팔꿈치를 위로 들어올리면서
동시에 왼발을 틀어 몸의 중심을 왼쪽으로
옮긴다. 그대의 오른손을 계속 아래쪽으로 밀어
상대의 오른손이 꺾이게 한다. [도판 142]

140

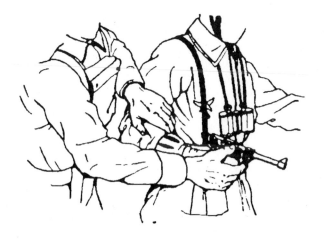

141

이 기술을 구사하면 상대는 권총을 떨어뜨릴 것이다. 만일 그렇지 않을 경우 오른쪽 무릎으로 상대의 고환을 걸어찬다. 문단 2처럼 상대의 권총이 위로 향하게 하는 것을 권하는 이유는 다음과 같다. 상대의 팔을 아래로 밀어낼 때에 비해 그대가 신속하게 상대의 조준에서 벗어날 수 있을 뿐 아니라 상대가 권총을 쥔 손을 통제함으로써 무기를 놓게 만드는 것 역시 용이하기 때문이다. 그대 역시 상대의 고환을 걸어참으로써 무장 해제를 도울 수 있다.

이 기술들이 '크리켓 경기처럼' 신사다운 것과 거리가 멀다는 생각이 든다면 히틀러 또한 크리켓을 하지 않는다는 점을 떠올리고 명심하기 바란다.

142

옮긴이의 글
실전, 문명, 스포츠

이 책 『실전 격투』는 실전에서 통하는 싸움의
기술을 가르치는 책이다. 여기서 말하는 '실전'이란
'인생은 실전이야!' 같은 문구에서처럼 은유적으로
쓰인 표현이 아니다. 국가와 국가가 맞붙는 전쟁,
그중에서도 최전방과 후방의 구분이 없거나
무의미한 총력전을 뜻한다. 이 책은 제2차
세계대전 당시 군인들에게 실전에서 총을 쓰지
않고 상대를 제압하거나 죽일 수 있는 기술 및 훈련
방식을 설명하고 가르치기 위해 군인이 써낸 군사
매뉴얼이다.

　　따라서 어떤 면에서 보더라도 이 책이
2020년대를 살아가는 우리에게 직접적인 실용적
가치를 지닌다고 볼 수 없다. 군인이 아닌 사람에게
무용하다는 건 두말할 나위가 없는 일이다. 설령
군인이라 해도 오늘날은 이 책보다 더 나은 훈련
교재와 방법론을 제공받을 수 있을 것이다. 그렇다면
『실전 격투』의 가치는 어디에서 찾을 수 있을까?

이 질문에 대답하려면 책의 저자인 윌리엄 이워트
페어번과 그가 살았던 시대를 간략히 살펴볼 필요가

있다. 1885년생인 그는 이른 나이에 해병대에
입대했고, 첫 부임지는 구한말 한반도였다고 한다.
이후 1907년부터 상하이에서 경찰로 근무했다.
당시 상하이는 중국 땅이었지만, 난징 조약 이후
서구 열강이 지배 및 행정권을 행사하는 여러 조계로
쪼개졌다. 영국과 미국은 조계를 합쳐 상하이 공동
조계를 형성했고, 프랑스는 별도의 조계를 유지했다.

중국 대륙의 관문으로서 근대 문물이 유입되는
경로였던 탓에 상하이 조계 구역의 경제는 빠르게
성장했다. 수많은 인구가 밀려들었다. 민주적
정당성을 지니는 강한 공권력이 존재한다 해도
그와 같은 사회적 변화는 조직 범죄가 자라는 토양이
된다. 하물며 조계 지대는 외국이 무력으로 점령한
땅이었으니 점령국과 피점령국의 민족주의적
정념이 함께 들끓어오를 수밖에 없었다. 치안의
불안과 폭력성은 오늘날 우리가 상상하기 어려울
정도였을 것이다.

페어번은 그 한복판에 떨어졌다. 그가 맡은
순찰 구역은 홍등가였다. 폭력배가 칼을 빼들고
경찰에게 달려드는 게 전혀 이상하지 않은 곳이었다.
한반도에 부임할 때부터 동양 무술을 두루 익혀온
페어번이었지만, 그야말로 법도 질서도 원칙도 없이
달려드는 갱들과의 싸움에서는 속수무책이었다.

경력 초기에 그는 집단 구타를 당한 뒤 구사일생으로
목숨을 건졌고, 이후 더 많은 무술을 섭렵하면서
그것을 본인이 처한 '실전'에 맞게 적용하는 방법을
연구하기 시작했다. 그렇게 20여 년에 걸쳐 페어번은
오늘날까지도 사용되는 호신술, 체포술, 격투술의
원형을 만들었다. 동시에 폭동 진압에 최적화된 전투
경찰(riot police) 조직과 운영 방식도 확립했다.

　　제2차 세계대전이 발발하고 서유럽이 나치
독일의 손아귀에 떨어졌다. 아시아의 지배권은
일본으로 넘어가고 있었다. 일본은 홍콩과
싱가포르를 점령했다. 상하이 역시 예외일 수
없었다. 1940년 8월 영국은 상하이 조계 구역을
포기하고, 군대와 경찰 등을 철수한다. 상하이 조계
경찰 조직 자체가 사라졌으니 페어번은 실직자가
될 상황이었지만, 그가 갈고 닦은 기술과 교육
방식의 필요성은 더욱 절실해졌다. 전선과 후방이
따로 나눠지지 않는 '총력전(total war)'의 시대가
만개했기 때문이었다.

근대 이전의 서유럽은 전쟁을 담당하는 계급과
생산을 담당하는 계급을 구분하고 있었다.
전쟁에 참여한다는 건 높은 신분을 가진 사람이라는
말과 같지는 않아도 유사한 것이었다. 물론 외적이

침략하면 약탈, 학살, 방화 등이 벌어질 수 있지만, 그런 경우에도 전쟁은 어디까지나 귀족들의 싸움이었다. 이른바 '노블리스 오블리제'란 전쟁이 귀족의 의무이자 권리이던 시절의 사고방식을 빼놓고는 성립하지 않는 것이다.

근대국가의 출현으로 모든 게 달라졌다. 왕의 목을 자른 프랑스가 모든 '국민'을 향해 병역의 의무를 지우고 전쟁터에 끌어들인 것이다. 수많은 프랑스인들이 징집됐고, 그들은 전쟁을 통해 '국민'이라는 새로운 주체로 재탄생했다. 그 프랑스군과 싸우는 과정에서 기존의 다른 국가들 역시 국민국가로 탈바꿈하지 않을 수 없었다. 한때 귀족의 전유물이었던 전쟁은 (적어도 당시까지는 남성만을 대상으로 한) '모든 이의 싸움'이 되고 말았다.

그러나 총력전이라는 개념이 전쟁에 대한 관념 전체를 대체하기까지는 한 세기가 넘는 세월이 필요했다. 전쟁에 동원할 수 있는 기술의 제약 때문이었다. 전방에 나간 군인들을 지원하기 위해 온 나라의 모든 국민이 힘을 합치는 차원에서라면 총력전은 일찍부터 시작됐지만, 아무튼 전방과 후방은 구분돼 있었고, 그럴 수밖에 없었다. 제1차 세계대전까지도 가장 빠른 교통수단이 기차였고,

비행기의 사용은 제한적일 수밖에 없었으니
당연하다면 당연한 일이었다.

이런 상황은 세 가지 요소가 출현하면서
달라진다. 첫째, 비행기가 발달하면서 작전 거리가
길어졌고, 적진 깊숙이 다수의 아군을 침투시키거나
반대로 아군 진영으로 적이 침투하는 것 역시
가능해졌다. 둘째, 무선 통신 기술이 비약적으로
향상하면서 그 깊숙한 적진에 들어간 아군이나
적군이 모국과 의사소통할 수 있게 됐다.
셋째, 제1차 세계대전과 달리 제2차 세계대전은
이념 전쟁이었다. 독일, 이탈리아, 일본은 전체주의를
내세웠고, 소련은 공산주의를 표방했다. 인종과
국적을 넘어 자발적으로 타 이념을 추종하는 이들이
내부에서 반란과 소요를 꾀하거나 외부의 적과
결탁할 가능성을 고려하지 않을 수 없게 된 것이다.

제1차 세계대전까지의 총력전과 제2차
세계대전 이후의 총력전은 같은 용어를 사용하지만,
그 의미는 다를 수밖에 없었다. 전방의 군대를
지원하기 위해 병력, 식량, 연료 등 자원을
총동원한다는 개념의 총력전을 넘어 전후방의
구분 없이 온 나라가 전쟁터라는 의미의 총력전
시대가 열린 것이다. 이제 적은 어디에나 있었다.
누구도 믿을 수 없게 됐다. 지난주만 해도 선량하고

평범한 우리의 이웃이었던 누군가가 비행기를 타고
야간에 침투한 적에게 이념적으로 포섭돼 자발적인
협력자가 되고 무선 통신으로 적국의 지령을 받으며
내게 총부리를 겨누는 일이 가능해졌기 때문이다.

상하이 조계 구역이라는 무법 지대에서 경찰로서
20년간 살아남으며 조직을 꾸리고 훈련시켜온
페어번의 특이한 경력은 바로 이 맥락에서 빛을
발했다. 전쟁 직후 순식간에 네덜란드, 벨기에,
프랑스가 함락당하며 서유럽이 무너졌기 때문이다.
제1차 세계대전에서 이겼지만 기진맥진한 상태에
빠진 늙은 사자는 각국에서 퇴각해온 군인들을
끌어안게 됐다. 그들에게는 복수의 의지가
충만했지만, 도버 해협은 독일의 잠수함 U보트가
점령하다시피 한 상태였다. 그걸 건너는 대규모 해상
작전을 수행할 힘이 영국에는 남아 있지 않았다.
    영국은 미국에 도움의 손길을 요청하는 한편,
전에 없던 전쟁의 방식을 고민하기 시작했다.
민간인으로 위장한 특수부대를 침투시켜 요인 암살,
시설 파괴, 정보 수집, 저항군 규합 등의 비정규
작전을 수행하기로 한 것이다. 1940년 7월 22일
전시 경제부 장관 휴 달턴(Hugh Dalton)은 처칠의
명령을 받아 특수작전본부(Special Operations

Executive, SOE)를 창설했다.

SOE는 적진에 침투해 비밀리에 작전을 수행해야 하므로 '전형적인 군인'처럼 보이지 않는 사람을 우선시했다. 모든 요원은 자원자들 중에서 충당했는데 여성도 적극적으로 받아들였다. 장애인 또한 선발 대상에서 제외되지 않았다. 게슈타포가 '절름발이 여자(The Limping Lady)'라는 별명으로 부른 버지니아 홀(Virginia Hall)이 대표적인 경우라고 할 수 있다. 그야말로 총력전이었던 것이다.

이와 같은 인원 선발 및 조직 운영 방침은 합리적이다. 하지만 요원이 적진에 잠입해 벌이는 특수 작전에서 몸을 부딪쳐 싸우는 상황이 없을 것이라 가정하는 건 비합리적이다. 연령대와 성별, 장애 여부를 가리지 않고 요원을 뽑는 건 평상시의 작전 수행에서 장점이 될 수 있지만, 적과 직접 맞서 싸워야 하는 위기 상황에서는 도움이 된다고 보기 어렵다. 평범한 사람, 또는 힘이 약한 사람이라도 더 강한 상대를 제압하거나 죽일 수 있는 특별한 기술이 필요해진 시점이었다.

영국군은 페어번과 함께 상하이 조계 지역에서 경찰 업무에 협조한 바 있는 사격 및 보안 전문가 에릭 사익스(Eric Anthony Sykes) 또한 훈련 교관으로 임명했다. 사익스는 주로 민간 영역에서

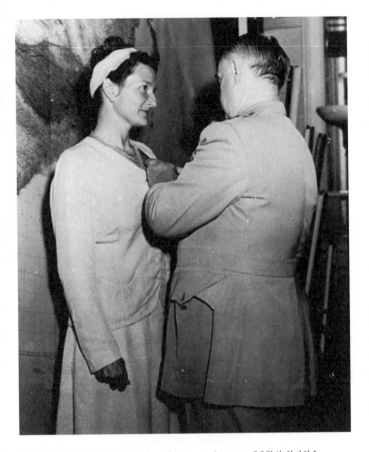

1945년 9월 미국 전략사무국(Office of Strategic Services, OSS)의 윌리엄 J. 도노반(William J. Donovan) 장군으로부터 공로 훈장를 받는 버지니아 홀. 그는 한쪽 다리에 장애가 있었지만 제2차 세계대전 당시 최정예 스파이로 활동했다. 한편, 도노반 장군은 『생활 공작』의 원전 『Simple Sabotage Field Manual』을 저술하고 승인한 인물로 알려져 있다. © CIA

일종의 용병 겸 사설 경비로 이력을 쌓아온
사람이었다. 두 사람이 극동의 무법 지대에서 갈고
닦은 무차별적인 싸움의 기술은 이제 그들의 고향인
유럽에서 빛을 발하게 될 것이었다. 상하이의
홍등가에서 개발한 기술을 파리 제7구에서도 사용할
날이 왔다. 전선과 후방을 구분하는 게 무의미한
것처럼 '야만'과 '문명'을 구분하는 것 또한 부질없는
시대가 되고 만 것이다.

『실전 격투』는 바로 그런 변화의 산물이다. 페어번이
본문에서 수없이 반복해서 강조하고 있는 바, 평범한
체구와 힘을 가진 사람도 최소한의 훈련만으로
충분히 적을 무력화하고 살해할 수 있는 기술을
엄선해 독자에게 제공한다.

　　가장 기본적인 공격을 주먹이 아닌 손날로
가하는 것부터가 그렇다. 주먹을 꽉 쥐고 손가락과
손바닥이 만나는 지점, 즉 너클을 이용해 상대를
때리는 건 고도의 기술이며 상당한 숙달이 요구된다.
조금만 잘못 휘둘러도 손가락으로 상대를 때리게
되는데, 그 경우 충격은 반감되며 손가락 부상을 입을
가능성만 커진다. 반면 손날은 관절이 아닌 뼈의
중간이기 때문에 따로 단련하지 않아도 무방하다.
페어번의 설명처럼 목 같은 급소를 때릴 경우 대단한

훈련 없이도 상대에게 큰 타격을 입힐 수 있다.

구두에 박힌 징으로 상대를 찍고, 머리를 들이받고, 손꿈치로 턱을 올려치며 손가락으로 눈을 찌르는 등의 공격 방식 모두 '실전'에서 검증된 것이라고 페어번은 담담한 어조로 설명한다. 그 태연자약함에 우리가 섬뜩함을 느끼는 건 당연한 일이다. 이 책에서 설명하는 기술은 상대에게 가할 수 있는 위해에 상한선을 그어놓지 않는다. 최대한 빠르고 효율적으로 상대를 죽이거나 무력화해 작전 목표를 달성해야 한다는 단 하나의 의지만이 반영돼 있을 뿐이다.

그런 면에서 『실전 격투』를 격투기나 호신술 교본으로 받아들여서는 안 된다. 아무리 격렬한 격투기라 해도 자체적인 한계를 설정해놓기 때문이다. 가령 유도의 경우 조르기 기술이 존재하지만 상당한 수준에 이르기 전에는 가르쳐주지 않으며 시합에서는 몇몇 기술을 제외하고 모두 금지돼 있다. 이종격투기를 대표하는 UFC(Ultimate Fighting Championship)마저 그렇다. 초창기에 낭심 차기까지 허용했으나 현재는 누워 있는 상대를 걸어차는 이른바 '사커 킥'도 금지한 상태다.

반면에 페어번은 『실전 격투』에서 거의 모든 기술에 상대의 고환에 대한 공격을 포함하고 있으며,

상대가 누워 있을 때는 하늘로 뛰어올라 두 발로
찍어내리는 '야생마 킥'을 구사하라고 권유한다.
그 모든 공격의 목표는 상대의 항복을 받아내고
젊잖게 악수를 한 뒤 집에 돌아가는 게 아니다.
상대를 죽이거나, 죽지 않더라도 큰 부상을 입혀
내가 저항할 수 없는 상태로 만드는 것이다.
『실전 격투』는 최소한의 노력으로 최대한의 살상
기술을 가르치기 위한 고민의 산물이라고 할 수 있다.
　　다시 한 번 강조하지만, 이 책을 격투기나
호신술 교본으로 받아들여서는 안 되는 이유도
거기에 있다. 사람을 죽이거나 해치는 게 법적인
처벌의 대상이 아닌 상황, 즉 전쟁일 때만, 오직 적을
상대로 써야 하는 기술이 모여 있기 때문이다. 물론
지금은 군대에서 이보다 더 개량된 실전 격투 기술을
배운다. 하지만 이 책에 소개된 기술은 사람을 죽고
다치게 하기 위한 목적이 분명하다. 다른 사람에게
이런 기술을 쓰는 순간, 살인이나 상해의 고의가
없었다고 항변할 수 있는 여지가 아예 사라져버린다.

전쟁은 생사를 걸고 벌이는 싸움이다. 스포츠가
아니다. 2020년대의 우리에게는 너무도 당연하게
느껴지는 말이다. 그런데『실전 격투』는 그 점을
지나치리만치 강조한다. 요컨대 이 책은 총으로

무장하지 않은 상태에서 적과 마주친 군인에게
필요한 육체적 기술뿐 아니라 정신적 준비 태세를
제공하는 것을 목적으로 삼고 있는 것이다.

바로 그 점이 『실전 격투』를 2020년대에도
읽을 만한 책으로 만들어준다. 프랑스혁명부터
제1차 세계대전까지의 시기와 달리 제2차
세계대전은 전방과 후방을 나눌 수 없게 된 완전한
총력전이었다. 기술적 한계로 존재하던 전장의
구분이 사라졌기 때문이다. 따라서 전쟁에 대한
윤리, 더 나아가 전쟁으로부터 도출된 윤리 체계도
달라질 수밖에 없었다.

인류 역사상 대부분의 시기에 벌어진 대부분의
전쟁은 오늘날의 관점에서 보면 전쟁보다 스포츠에
더욱 가까웠다. 명시적으로건 암묵적으로건 합의된
규칙이 있고, 서로 그 규칙을 지키며 승부를 겨룬다는
점에서 보면 그렇다. 가령 고대 그리스의 도시국가
사이에서 전쟁을 할 때 가장 중요한 선결과제는
양측 군대의 합의 하에 전장을 선택하고, 그 땅을
고르게 다지는 것이었다. 밀집 대형을 갖추고
달려드는 고대 그리스의 보병전은 조금이라도 높은
위치를 선점한 쪽이 훨씬 유리해지기에 그런 일을
미연에 방지하고자 쌍방이 납득할 때까지 '기울어진
운동장'을 없애는 작업을 했던 것이다.

그런 극단적인 사례를 들지 않더라도 대부분의
전쟁은 양측이 공유하는 모종의 '상식'을 전제로
수행되는 게 일반적이었다. 이는 사실 제2차
세계대전과 그 이후에도 마찬가지였다. 심지어
한국전쟁에서도 전쟁이 막바지에 접어들자 양측
수뇌부가 개성에서 휴전 회담을 진행했던 것을
떠올려보자. 협상을 핑계로 상대편의 고위 인사를
납치, 고문, 살해하지 않는다는 모종의 암묵적
합의가 있었다는 뜻이다. 우리는 전쟁을 기존의
선악 구도가 모두 무너진 인간성의 극한 상황이라고
흔히 생각하지만, 모든 규칙이 파괴되는 그 와중에도
새로운 규칙은 또 등장하며 사람들은 자연스럽게
그것을 지킨다.

　　하지만『실전 격투』는 전쟁은 스포츠가 아니며
주어진 규칙 따위는 없고, 죽고 싶지 않다면 상대를
죽이라는 말을 수없이 반복한다. 이 대목에서 우리는
알 수 있다. 당시까지 서구인들이 믿고 있었던,
또는 믿고 싶었던 교양과 문명이라는 토대가 얼마나
허약한 것이었는지 서구인들은 제2차 세계대전을
통해 비로소 실감했다. 나는 문명인이고, 상대도
문명인인데, 이렇게 잔인한 행동을 해야 하다니!
설령 죽고 죽이는 전쟁이라 해도 권총 결투를
하는 신사처럼 인격적인 감정을 싣지 않고 상대를

제압하는 대신 손꿈치로 턱을 올려치면서 동시에
손가락으로 눈을 찌르라니!

물론 페어번 본인은 20년간의 상하이 조계
경찰 생활로 익숙해진 삶의 조건일 테지만,
그는 독자인 군인들의 '멘붕'을 염두에 두고 세심하게
배려하면서도 결국 그런 '스포츠맨십'을 파괴하려 든다.
책의 마지막 문장은 여기서 다시 한 번 인용할 가치가
있다. "이 기술들이 '크리켓 경기처럼' 신사다운 것과
거리가 멀다는 생각이 든다면 히틀러 또한 크리켓을
하지 않는다는 점을 떠올리고 명심하기 바란다."

서구적 관점에서 볼 때 스포츠맨십은 가장
야만적인 방식으로 드러낸 문명, 또는 가장 문명적인
방식으로 포장된 야만이었으며 서구인으로서
스스로의 우월함을 형성하고 입증하는 방식이기도
했다. 페어번은 바로 그것을 고정관념이자 극복해야
할 정신적 과제로 지적한 뒤 본인이 훈련시키는
군인들을 스포츠맨이 아닌 '다른 무언가'로
만들어내는 과업에 착수했다.

"그대들은 야만적인 살인 기술을 배워야 한다.
이게 전쟁의 현실이다." 이렇게 강조하는 페어번의
어조는 오늘날의 시각에서 볼 때 다소 우스꽝스럽게
보이기도 한다. 하지만 당시의 영국인들은 퍽
진지했다. 얼마나 진지했느냐면, 1940년 7월

SOE가 창설됐지만 영국 공군은 SOE 요원을
적진에 투입하는 작전에 협조하지 않겠다고
반대했다. 이유는 간단했다. 민간인으로 위장한
암살 요원을 실어 나르는 일이 비윤리적이라고
봤기 때문이었다. 이 '문명적'인 갈등은 히틀러에게
함락된 폴란드 출신 파일럿들이 영국 공군에 대거
입대하면서 비로소 해소됐다.

그런데 거기까지 생각이 미치고 나면, 다른
한편으로는 이런 반박을 하지 않을 수 없다.
페어번은 이미 20년간 상하이 조계 구역에서
대부분이 중국인이었을 범죄자를 상대로 그와 같은
살인 기술을 개발하며 연마하지 않았는가?
『실전 격투』에 담긴 내용이 문명적이지 않고
잔인하다고 눈쌀을 찌푸리는 건 페어번이 그 기술을
개발하고 연마했던 극동 아시아를 '문명 바깥'으로
전제해야 가능한 태도 아닐까?
　　페어번의 몸은 수십 군데도 넘는 자상으로
뒤덮혀 있었다 하니 상하이 조계 구역의 홍등가가
어떤 곳이었을지 우리가 짐작하지 못할 바는 아니다.
하지만 이 책을 관통하는 문명 대 야만의 이분법,
그리고 그 문명의 상실을 애도하는 짙은 비애의
감정에 있는 그대로 몰입하는 건 일종의 자기

기만처럼 느껴지기도 한다. 이 지점에 대한 추가적인 고민은 독자의 몫으로 남겨두도록 하자.

한편, 『실전 격투』는 문화사적으로도 흥미로운 의의를 지닌다. 페어번이 개발하고 서구에 전파한 온갖 살수의 연원이 동아시아였기 때문이다. 그 덕에 종합격투기의 출현 전까지 쿵푸, 가라데, 유술 등 다양한 동양 전통 무술은 인간이 배울 수 있는 최강의 살인 기술이라는 통념이 생겼고, 이는 이종격투기의 출현 전까지 지속됐다.

가령 로버트 러들럼(Robert Ludlum)의 1980년작 소설 『본 아이덴티티』(The Bourne Identity)에서 기억을 잃은 전직 비밀요원 제이슨 본(Jason Bourne)은 강력한 살인 기술을 되살려가며 적을 쓰러뜨린다. 그가 무의식적으로 내지르는 동작은 쿵푸의 그것이다. 로버트 레들럼이 소설을 쓸 무렵만 해도 대중들은 동양 무술을 그렇게 바라보고 있었다는 것이다. 하지만 폴 그린그래스(Paul Greengrass)가 해당 작품을 영화화할 때 쿵푸는 자취도 없이 사라졌고, 살인 기술의 자리는 최적의 효율을 추구하는 오늘날의 군용 격투기로 대체됐다. 왕년의 '실전 격투'가 같은 작품 속에서 오늘날의 '실전 격투'에 자리를 내준 셈이다.

『실전 격투』는 페어번의 1940년작 『All-in

Fighting』을 번역한 것이다. 이 책의 내용은 그가
앞서 미국에서 출간한 『겟 터프!』(Get Tough!)와
동일하다. 뒷부분에 소총 사용법을 다룬 내용이
추가됐을 뿐이다. 그럼에도 『All-in Fighting』을
번역 저본으로 삼은 건 저자의 고향인 영국에서
출간돼 군인들의 훈련 목적으로 활용됐다는 역사적
사실과 그에 따라 추가된 서문 때문이다. 따라서
P. N. 월브릿지(P. N. Walbridge)의 소총 사용법은
번역하지 않았다. 오늘날 군에서 배우는 소총
사용법과 대동소이한데, 궁금한 독자는 웹상에서
어렵지 않게 원문을 확인할 수 있다.

　　이 책은 워크룸의 '실용 총서'라는 독창적인
시리즈가 없었다면 한국어로 번역될 수 없었다.
세상의 그 어느 출판사도 받아주지 않을 기획을 선뜻
수락해주신 김형진·박활성 공동 대표께 깊은 감사의
말씀을 드린다. 아울러 '실용 총서'를 기획하고,
이 책을 만드는 데 함께해준 민구홍 씨, 디자이너
유현선 씨께도 감사의 뜻을 전한다. 독자 여러분과
우리 모두가 평화롭고 문명적인 삶을 오래도록 누릴
수 있기를 기원한다.

　　2021년 1월
　　노정태

윌리엄 이워트 페어번(William Ewart Fairbairn)
영국의 군인, 경찰, 무술 연구가. 해병대에 입대해
군 복무를 시작한 뒤 상하이 조계 지역에서 경찰로
근무하며 동양 무술을 두루 섭렵하고 '실전'에
적합한 형태로 정리했다. 제2차 세계대전 발발 후
영국, 캐나다, 미국 등의 특수부대를 훈련시키는
교관으로 활동했다. 저서로는『디펜두』(1926),
『과학적 호신술』(1931),『실전 격투』(1941),『겟
터프』(1942),『여성과 소녀를 위한 호신술』(1942),
『손 떼! 여성을 위한 호신술』(1942),『생존을 위한
사격』(1942) 등이 있다.

옮긴이. 노정태
한국의 저술가, 번역가, 칼럼니스트. 대학에서
법학과 철학을 공부한 뒤 다방면에 걸쳐
저술 및 번역 작업을 진행 중이다. 저서로는
『논객시대』(2014),『탄탈로스의 신화』(2016)가,
역서로는『아웃라이어』(2010),『기적을 이룬 나라
기쁨을 잃은 나라』(2013),『밀레니얼 선언』(2019),
『모던 로맨스』(2019) 등이 있다.